가장 많은 현장 교사가 믿고 추천하는 우리 아이 첫 역사 입문서!

우리 역사를 처음 만나는 아이라면 꼭 읽어야 하는 책이다. 상상력이 풍부하고 이야기의 힘이 센 책이기 때문이다. 역사는 삶의 이야기라고 평소 생각해 왔는데, 이 책에는 우리 겨레 옛사람들의 살아 뛰는 삶이 담겨 있다. 이 책을 읽은 아이들이 만들어 갈 세상이 궁금하다.
— 김강수 서종초등학교 교사, 이오덕김수업연구소 연구원

전국 2000여 역사 선생님들의 교육 경험이 녹아 있는 책이기에 믿고 추천한다. 한솔이가 직접 체험하고 알게 된 역사 이야기를 읽으면서 나도 모르게 역사의 매력에 푹 빠져든다. 옛사람들의 고통과 기쁨을 느끼며 함께 울고 웃다 보면 저절로 역사 공부가 되는 책이다.
— 황은희 서울창원초등학교 교사, 역사교육연구소 어린이분과 연구원

역사라는 딱딱한 속살에 만화라는 말랑한 옷을 입힌 이 책은 따뜻하고 유쾌한 역사책이다. 만화 안에 연표, 사진 등이 조화롭게 배치되어 아이들의 이해를 돕는다. 어린이의 눈높이에 맞춰 쓴, 어린이를 위한 최고의 역사 만화라 할 만하다.
— 심은보 평택죽백초등학교 교사

어린이들이 읽기에 어렵지 않으면서 내용도 알찬 역사책을 찾기란 쉽지 않다. 내용과 재미를 모두 갖추었을 뿐만 아니라 아이들이 좋아하는 만화로 구성된 책이라 더 반갑다. 한솔이와 함께 떠나는 역사 여행을 통해 역사 공부의 참맛을 느낄 수 있는 책이다.
— 안선미 서울대학교사범대학부설중학교 교사

만화책이지만 굵직하면서도 단단한 깊이가 있다. 역사를 바라보는 시선이 따뜻하고 관점도 건강하면서 또렷하다. 역사는 단순히 외우는 지식, 과거에만 머무르는 지식이 아닌 현실에서의 의미를 함께 생각하는 지식임을 알려 준다. 역사와 금세 친해질 수 있게 하는 책이다.
— 윤일호 진안장승초등학교 교사

역사적 사실만 잔뜩 늘어놓는 교과서에서 아이들이 얻을 수 있는 것은 시험 점수뿐이다. 반면 이 책은 역사는 삶을 다루는 '옛이야기'라는 사실을 깨닫게 해 준다. 우리가 옛이야기를 즐겨 읽는 까닭은 시대를 뛰어넘는 삶의 지혜가 담겨 있기 때문이다. 옛이야기처럼 흥미롭고 재미있으면서도 역사와 시대를 보는 '지혜'라는 선물까지 선사하는 책이다.
―박진환 논산내동초등학교 교사

5000년 한국사 이야기를 꼭꼭 씹어 섬세하게 풀어내면서 초등학생의 눈높이와 마음을 읽어 내듯 유쾌하고 재미있다. 어린이들이 우리 역사의 장면들과 그 속의 인물들을 친근하면서도 새롭게 볼 수 있는 책이다.
―이민아 시흥연성초등학교 교사

역사는 암기 과목이라는 편견을 깨 주는 멋진 책이다. 아이들의 수준에 맞춰 알기 쉽게 풀어 가면서도 온 가족이 함께 읽어도 좋을 만큼 내용이 탄탄하다. 최신 연구 경향을 반영하여 알차게 구성된 점 또한 칭찬할 만하다.
―김성전 서울수리초등학교 교사

단순한 역사적 사실만 전달해 주는 것이 아니라 사건의 의미와 왜 그런 일이 일어났는지에 대해 아이들 스스로 생각해 볼 수 있도록 입체적으로 구성되어 있다. 역사는 지루하다는 아이들의 생각을 바꿔 주는 책이다.
―김정미 서울연희초등학교 교사

역사! 이 어려운 말도 알고 보면 이야기다. 지금 우리가 겪는 삶은 누군가의 생각이고 말이다. 그 흐름 위에 우리는 끊임없이 생각과 말을 섞는다. 지난 삶의 이야기를 결코 얕지 않게 《초등학생을 위한 살아있는 한국사》는 들려준다. 삶의 긴 흐름에 이야기를 섞는 힘과 눈을 우리 어린이들에게 선물하는 책이다.
―윤승용 남한산초등학교 교사

초등학생을 위한
살아있는 한국사

④ 근대의 시작부터 일제 침략까지

전국역사교사모임 원작 | 이성호 글 | 이은홍 그림

초대하는 글
《초등학생을 위한 살아있는 한국사》를 펴내며

《어린이 살아있는 한국사 교과서》를 펴낸 지 벌써 20년이 되었습니다. 2002년, 전국역사교사모임에서는 청소년을 위한 최초의 한국사 대안 교과서인 《살아있는 한국사 교과서》를 선보였어요. 완전히 새롭고 참신한 형태의 교과서를 제시했다는 평가와 함께 많은 관심과 사랑을 받았지요.

얼마 후 초등학생에게도 우리 역사를 제대로 알려주어야 한다는 생각으로 《어린이 살아있는 한국사 교과서》를 펴냈습니다. 만화에 관심이 많은 중학교 역사 교사 윤종배, 이성호 선생님이 글을 쓰고, 최고의 역사 만화가 이은홍 화백이 그림을 그렸지요. 이 책은 충실하고 탄탄한 내용으로 어린이들에게 많은 사랑을 받았어요.

책이 나온 지 10년이 넘어가던 2015년, 새로운 연구 성과를 반영하고 현대사 부분의 내용을 대폭 고쳐 개정판을 냈습니다. 본문도 좀 더 세련되게 편집했고, 제목도 《초등학생을 위한 맨처음 한국사》로 새롭게 달았지요. 감사하게도 개정판 역시 초등학생들에게 꾸준히 사랑받았답니다.

그리고 2024년, 이 책을 다시 새롭게 개정하게 되었습니다. 그동안 쌓인 역사 학계의 연구 성과와 바뀐 역사 교과서의 내용을 반영하고, 과장된 부분이나 오해할 수 있는 부분을 다듬었어요. 특히 시간이 흘러 현재와 다른 현대사 부분을 손보았지요. 급변하는 시대에 20년이나 된 책을 계속 펴내는 게 의미가 있을지에 대한 근본적인 고민도 했지만, 여전히 이 책을 찾는 초등학생 독자와

부모님이 많다는 사실에 용기를 냈어요.

   어린이 역사책이 쏟아지고 있지만, 초등학생 어린이들에게 자신 있게 권할 수 있는 책은 많지 않습니다. 《초등학생을 위한 살아있는 한국사》는 선생님들께서 수업에 활용하기도 하고, 친구들이 과제를 수행하는 데 쓰기도 하고, 가족과 함께 읽고 이야기를 나누기에도 좋아요. 역사적 사실을 넘어 그 의미와 교훈, 생각할 거리까지 다룰 수 있다는 점에서 다른 책에 비해 돋보이지요. 어린이의 눈높이에 맞춰 우리 역사를 친절하게 풀어 주어서, 읽을수록 그 속에 담긴 뜻과 재미를 느낄 수 있는 책이라고 자부합니다.

   부족한 부분이 많지만, 우리 역사를 처음으로 찬찬히 배워 나가는 데 《초등학생을 위한 살아있는 한국사》가 조금이나마 도움이 되기를 진심으로 바랍니다.

2024년 9월
전국역사교사모임, 이은홍·윤종배·이성호

작가의 말
얘들아, 우리 역사를 가지고 놀아 볼까?

'역사' 하면 어떤 느낌이 드니? 지겨울 것 같다고? 재미있을 것 같아? 뭐, 아무 느낌이 없어? 크~.
역사란 옛날 사람들이 어떻게 살았는지에 관한 이야기란다. 나랑 다른 시대에 살았던 많은 사람의 이야기. 그 속엔 전쟁도 있고, 사랑도 있고, 눈물도 있고, 웃음도 있지. 어때, 재미있을 것 같지?

그렇지만 가만히 남의 이야기만 듣다 보면 금방 따분해지게 마련이지. 타임머신을 타고 그 옛날로 가서 역사를 확 바꿔 버릴 수 있다면 어떨까? 정말 신나겠지? 물론 옛날에 이미 일어났던 일을 내가 실제로 바꿀 수는 없겠지. 그렇지만, '그 상황에서 그 사람은 왜 그런 선택을 했을까, 나라면 과연 어떤 선택을 할까' 하고 생각해 볼 수는 있단다. 내 머리로 생각하는 역사, 내가 다시 만들어 보는 역사는 얼마든지 가능하다는 얘기야. 그게 역사를 공부하는 진짜 이유이기도 하고.

역사 만화책 벌써 많이 봤다고? 그래, 요즘 역사 만화책이 참 많더구나. 우리 친구들이 쉽게 다가갈 수 있는 역사 만화가 많아진 건 아주 좋은 일이라고 생각해. 하지만 좀 걱정스럽기도 해. 재미만 생각해서 별로 믿을 수 없는 이야기를 진짜인 것처럼 쓴 책도 있고, 정작 필요한 내용보다는 우스갯소리만 잔뜩 늘어놓은 책도 있더구나. 무엇보다 왜 역사를 공부해야 하는지, 어떻게 역사를 공부해야 하는지에 대해 생각해 볼 수 있는 좋은 역사 만화책은 아직까지 별로 없는 것 같아.

  이 책은 원래 중·고등학생들을 위한 《살아있는 한국사 교과서》라는 책을, 초등학생들도 알기 쉽게 만화로 만든 거란다. 교과서를 만화로 만들었기 때문에, 이야기 하나하나마다 어떤 내용이 정말 중요하고 알아야 할 내용인지, 이 이야기를 읽고 나면 어떤 생각을 할 수 있을지, 또 이 내용을 잘 알기 위해서는 어떤 방법으로 어떻게 공부하면 좋을지를 꼼꼼히 따져 봤단다. 이야기 하나하나가 나름대로 의미가 있으면서 전체가 다시 연결되도록 말이야.

  그렇다고 '공부'만 앞세운 재미없는 책은 절대 아니니까 걱정하지 마. 아까도 얘기했지만, 자기 머리로 생각하는 역사가 진짜 역사야. 그래도 혹시 좀 어려운 부분이 있다면, 주인공 한솔이처럼 선생님이나 부모님과 함께 읽으면서 이런저런 이야기를 나눠 보렴. 어느새 생각이 부쩍 커진 스스로를 발견하게 될 거야.

  자, 이제 준비됐지? 우리 다 같이 한솔이와 함께 우리 역사가 펼쳐지는 풍성한 잔치 마당에 가서 신나게 놀아 보자고!

이은홍·윤종배·이성호

차례

초대하는 말 4
작가의 말 6
등장인물 소개 10

1장 대원군, 서양의 침략을 물리치다 12
역사 돋보기 무덤까지 파헤친 서양 오랑캐 24

2장 나라 문은 열었지만 26
역사 돋보기 개항 후 어떤 서양 물건이 들어왔을까? 38

3장 개화만이 살 길이다 40
역사 돋보기 갑신정변이 싹튼 북촌 박규수의 사랑방 52

4장 왜양을 몰아내자 54
역사 돋보기 거문도를 점령한 영국 함대 66

5장 보국안민의 깃발을 들고 68
역사 돋보기 우리 손으로 개혁하자, 집강소 80

6장 자주와 근대의 갈림길 82
역사 돋보기 명성 황후를 어떻게 평가할까? 94

7장 외세의 간섭은 갈수록 심해지고 96
역사 돋보기 우리나라 최초의 순한글 신문, 〈독립신문〉 108

8장 어떻게 독립을 지킬 것인가 110
역사 돋보기 커피를 즐긴 고종 122

9장 이 날을 목 놓아 통곡한다 124
역사 돋보기 러·일 전쟁에서 일본이 승리할 수 있었던 까닭은? 136

10장 자, 우리 총칼을 들자 138
역사 돋보기 실패한 서울 진공 작전 150

11장 실력을 키우는 것이 먼저다 152
역사 돋보기 지배층의 의무를 몸소 보여 준 이회영 가족 164

12장 삼천리 금수강산 지옥이 되어 166
역사 돋보기 나라를 팔아넘긴 사람들, 일진회 178

13장 일제, 그리고 지주와 소작인 180
역사 돋보기 수탈과 착취의 대명사, 동양 척식 주식 회사 192

14장 식민지 조선의 세 얼굴 194
역사 돋보기 명동과 종로, 청계천 206

등장인물 소개

한솔
호기심 많고 덜렁대는 초등학교 3학년 장난꾸러기.
살아 있는 우리 역사를 느끼면서 조금씩 생각이
깊어지는 우리의 주인공.

한솔이 누나
한솔이의 중학생 누나.
한솔이 덕분에 역사에 관심을 가지게 된다.

한솔이 할아버지
구수한 입담으로 한솔이에게 우리 역사를
이야기해 주시는 자상한 외할아버지.

한솔이 부모님
강화도 고인돌 유적지에서 만난 인연
때문인지 우리 역사를 가족만큼이나
사랑하시는 한솔이의 부모님.

아름
선생님 질문에 가장 먼저 '저요, 저요!'를 외치는 똑똑한 모범생. 가끔은 잘난 척도 하지만 밉지 않은 한솔이의 단짝 친구.

현수
공부는 못하지만 마음씨만은 1등인 개구쟁이. 까불거리며 엉뚱한 말을 많이 해 아이들을 웃긴다.

한솔이네 반 담임 선생님
언제 어디서나 한솔이네 반을 이끌어 주시는 선생님. 밝고 친절해서 아이들에게 '인기 짱'이다.

한솔이네 반 친구들

1장

대원군, 서양의 침략을 물리치다

역사 연대표

- 1866년 **병인양요, 신미양요(1871)**
- 1876년 강화도 조약, 임오군란(1882)
- 1884년 갑신정변
- 1893년 보은 집회
- 1894년 동학 농민 운동, 청·일 전쟁, 갑오개혁
- 1895년 을미사변, 단발령, 을미의병
- 1896년 아관 파천, 독립 협회 창립
- 1897년 대한 제국 선포, 만민 공동회(1898)
- 1905년 을사조약, 안중근 의거(1909)
- 1906년 의병 봉기, 서울 진공 작전(1908)
- 1907년 신민회 결성, 국채 보상 운동
- 1910년 주권을 빼앗김, 조선 총독부의 무단 통치(~1919)
- 1910년 토지 조사 사업(~1918)
- 1919년 경성 방직 회사 창립, 경성 방송국 설립(1926)

초지진

프랑스 함대가 쳐들어왔을 때도, 미국 함대가 공격해 왔을 때도, 일본의 운요호가 다가와 행패를 부렸을 때도, 조선 수군들은 이 초지진을 지키기 위해 목숨을 걸고 싸웠다. 저 소나무에 남은 포탄 자국이 그때의 희생을 증언해 주고 있다.

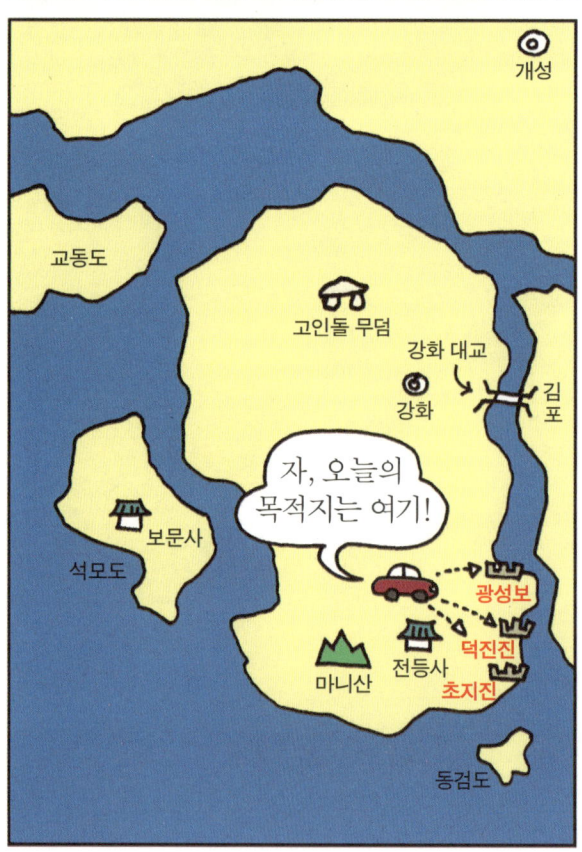

1장 대원군, 서양의 침략을 물리치다

 역 사 돋보기

무덤까지 파헤친 서양 오랑캐

1868년 4월, 독일인 오페르트 일행이 충청도 해안에 상륙하여 덕산 군청을 습격하였다. 그들은 대원군의 아버지인 남연군의 무덤을 도굴하려다 실패하고 달아났다. 무덤까지 파헤치는 서양 오랑캐에 대해 사람들은 크게 분노하였고, 대원군의 쇄국 정책은 더욱 강화되었다.

도대체 오페르트는 왜 남연군의 묘를 도굴하려 했을까? 조선의 권력자인 대원군의 아버지 시신을 볼모로 내세우면, 대원군이 굴복해 천주교 포교를 허락하고 통상에 나설 것으로 생각했던 것이다. 그러나 남연군 묘는 아주 단단하게 만들어져 있었고, 오페르트 일행은 결국 도굴에 실패하였다.

남연군이 죽었을 때 대원군은 풍수지리의 일인자를 불러 명당을 찾게 했는데, 그 풍수가는 2대에 걸쳐서 왕이 나올 자리와 만대에 걸쳐 부귀 영화를 누릴 자리를 알려주며, 둘 중 하나를 선택하라고 하였다. 대원군은 2대에 걸쳐 왕이 나올 자리를 선택하였다. 그런데 그 자리에는 이미 가야사라는 절이 있었고, 묘 자리에는 탑까지 서 있었다. 대원군은 가야사에 불을 지르고 탑을 깨뜨려 이 자리를 차지하였다. 이렇게 힘들게 구한 명당에 허술히 묘를 쓸 수는 없는 일. 누가 나중에 관을 옮기지 못하도록 쇳덩이 수만 근을 녹여 붓고 그 위에 흙을 비벼 다졌다고 한다. 그 덕에 남연군 묘는 도굴을 면할 수 있었다.

보덕사
대원군은 가야사에 불을 지르고 탑을 깨뜨린 것에 대한 보상으로 근처에 보덕사를 세웠다.

 덤

제국주의란?

유럽 각국은 일찍부터 세계를 자신들의 식민지로 만들어 나갔다. 처음에는 금과 은, 향료가 필요했고, 나중에는 원료를 공급받고 상품을 팔아먹을 시장이 필요했던 것이다.

자본주의가 발달하면서 식민지를 활용하는 방식도 달라졌다. 갈수록 치열해지는 경쟁으로 이윤이 감소하고 있었던 자본가들은 식민지에서 탈출구를 발견하였다. 식민지에 공장을 세우고, 현지의 값싼 노동력과 원료를 동원해 물건을 만들어, 이를 세계에 팔아먹는 방식이 확산되었다. 유럽 나라들은 더 많은 식민지를 차지하기 위해 총칼을 앞세워 다른 나라를 침략해 갔다. 위 그림은 제국주의 국가인 영국, 독일, 러시아, 프랑스, 일본이 중국을 나눠 먹으려는 상황을 그린 것이다.

남연군 묘
대원군이 명당으로 알려진 이곳에 묘를 만든 지 7년 만에 낳은 둘째 아들이 바로 고종이 되었다.

2장

나라 문은 열었지만

역사 연대표

- 1866년 　병인양요, 신미양요(1871)
- 1876년 　강화도 조약, 임오군란(1882)
- 1884년 　갑신정변
- 1893년 　보은 집회
- 1894년 　동학 농민 운동, 청·일 전쟁, 갑오개혁
- 1895년 　을미사변, 단발령, 을미의병
- 1896년 　아관 파천, 독립 협회 창립
- 1897년 　대한 제국 선포, 만민 공동회(1898)
- 1905년 　을사조약, 안중근 의거(1909)
- 1906년 　의병 봉기, 서울 진공 작전(1908)
- 1907년 　신민회 결성, 국채 보상 운동
- 1910년 　주권을 빼앗김, 조선 총독부의 무단 통치(~1919)
- 1910년 　토지 조사 사업(~1918)
- 1919년 　경성 방직 회사 창립, 경성 방송국 설립(1926)

별기군

나라 문을 연 조선은 새로운 문물을 받아들이기 위해 노력했다. 일본인 교관을 초청해 별기군이라는 신식 군대를 만든 것도, 서양 문물을 받아들여 나라를 튼튼히 지키려는 의도였다. 그러나 이들에 대한 특별 대우는 구식 군인들의 불만을 샀고, 임오군란으로 이어졌다.

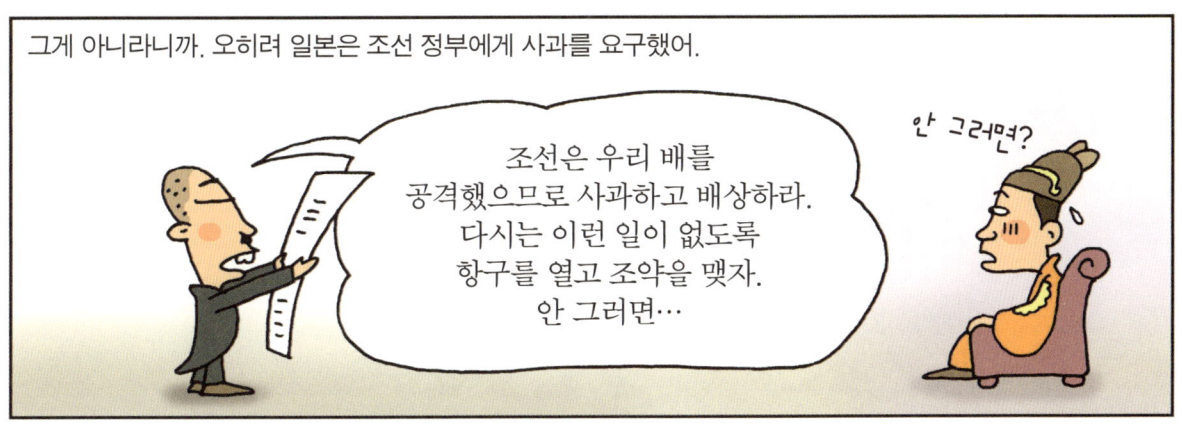

 역사 돋보기

개항 후 어떤 서양 물건이 들어왔을까?

강화도 조약 이후, 조선은 다른 서양 나라들과도 통상 조약을 맺게 되었다. 그렇다면 이렇게 통상 조약이 맺어진 후 우리나라에 들어온 서양 물건들은 어떤 것이 있을까?

가장 많이 들어왔고, 또 국내 경제에 가장 큰 영향을 끼친 물건은 면 제품이었다. 산업 혁명이 가장 먼저 이루어진 분야가 바로 면방직 공업이었고, 이렇게 기계로 만든 값싼 면 제품이 국내에 들어오자 그때까지 수공업 단계에 머물러 있던 조선의 면 제조업자들은 큰 타격을 입었다. 특히 부유한 양반들은 부드러운 맨체스터산 면 제품을 아주 좋아했다고 한다.

일본은 아직 이런 면 제품을 대량 생산할 형편이 못 되었기 때문에 주로 영국산 면 제품을 수입해 와 다시 이를 조선에 팔아 큰 이익을 챙겨 갔다.

이 밖에도 등불을 밝히는 등유가 수입되어 콩기름, 들기름을 대신하게 되었고, 못, 망치, 자물쇠, 톱, 칼, 철사 같은 철물 제품이나 솥, 냄비, 주전자 등 양철 제품도 많이 수입되었다. 그러나 뭐니뭐니해도 가장 인기를 끌었던 것은 바로 성냥이었다. 이쑤시개 같은 작은 막대 끝에 황과 인을 발라 돌이나 벽에 그으면 불이 붙도록 만든 성냥은, 부싯돌만 쓰던 우리 조상들에게는 아주 놀라운 물건이었다.

성냥과 램프
부싯돌을 사용하던 조선 사람들에게 성냥은 굉장한 호기심의 대상이었다.

산업 혁명기 영국의 면방직 공장
면화에서 실을 짜는 방적기가 개량되면서 산업 혁명이 일어났고 면 제품의 대량 생산이 가능해졌다. 이렇게 생산된 영국산 면 제품은 일본을 통해 조선에까지 들어왔다.

대포를 앞세워 문호 개방을 강요하다

일본은 조선에 운요호를 보내 말썽을 부린 후, 오히려 이를 구실로 무장한 군함을 보내 조선을 위협하면서 통상 조약을 강요하였다. 이런 수법은 제국주의 국가들이 다른 나라를 침략해 문을 열게 하는 일반적인 방법으로, 군함과 대포를 동원해 외교 관계를 맺는다는 뜻에서 '함포 외교'라고 한다. 일본 역시도 1854년 페리 제독이 이끄는 미국 함대가 쳐들어와 무력 시위를 벌이자 이에 굴복하여 통상 조약을 맺고 문호를 열었던 것이다. 일본은 이렇게 자신들이 당한 그대로를 조선에게 써먹었던 셈이다. 그림은 페리와 그 함대. 일본은 페리 함대를 '흑선'이라 불렀다.

3장

개화만이 살 길이다

역사 연대표

- 1866년 병인양요, 신미양요(1871)
- 1876년 강화도 조약, 임오군란(1882)
- 1884년 갑신정변
- 1893년 보은 집회
- 1894년 동학 농민 운동, 청·일 전쟁, 갑오개혁
- 1895년 을미사변, 단발령, 을미의병
- 1896년 아관 파천, 독립 협회 창립
- 1897년 대한 제국 선포, 만민 공동회(1898)
- 1905년 을사조약, 안중근 의거(1909)
- 1906년 의병 봉기, 서울 진공 작전(1908)
- 1907년 신민회 결성, 국채 보상 운동
- 1910년 주권을 빼앗김, 조선 총독부의 무단 통치(~1919)
- 1910년 토지 조사 사업(~1918)
- 1919년 경성 방직 회사 창립, 경성 방송국 설립(1926)

우정국

33세의 청년 김옥균은 나라를 살리기 위해서는 적극적인 개혁이 필요하다고 생각하고, 우정국 개설 축하 파티 때 정변을 일으켰다. 개혁이 필요하다는 김옥균의 생각은 옳았지만 제 나라 백성보다 일본의 도움에 더 기댔던 까닭에 이 정변은 실패로 돌아가고 말았다.

우리나라도 개혁을 실시해야 합니다.

김옥균(1851~1894)

김옥균. 당시 개화 운동을 주도한 인물이야. 일본을 자주 왕래하며 개화의 필요성을 절실히 느꼈다고 해.

개화 운동의 주역이었던 다른 사람들.

박영효(1861~1939)
1882년, 임오군란 후 사태 수습을 위해 일본에 다녀옴. 최초의 신문 〈한성순보〉 발간.

서광범(1859~1897)
1883년, 민영익과 함께 미국, 유럽을 다녀옴.

이들도 모두 사절단이나 유학생으로 일본 및 다른 나라들을 자주 왕래했었지.

서재필(1864~1951)
1883년, 일본 육군 학교에 유학. 1896년 〈독립신문〉 창간.

홍영식(1855~1884)
1881년, 신사 유람단으로 일본에 파견. 1883년 미국 시찰.

그런데 이들이 벌인 개화 운동이 조선 정부 안에서 큰 힘을 발휘하진 못했어.

임오군란 이후 청나라의 간섭이 심해진 탓이겠죠?

3장 개화만이 살 길이다

 역사 돋보기

갑신정변이 싹튼 북촌 박규수의 사랑방

"이건 내가 청나라에서 가져온 지구의라는 걸세. 여기가 중국이네. 세계의 한가운데에 있다는. 그렇지만 모두 잘 보게. 지구는 이렇게 둥글고, 게다가 빙글빙글 돌고 있단 말이야. 어찌 중국만 한가운데 있다고 할 수 있겠나?"

박규수의 사랑방에 모인 김옥균, 유길준, 서광범, 박영효 등은 이 노정승의 말에 탄복하며 고개를 끄덕였다. 나중에 갑신정변의 주역이 될 이 젊은이들은 노정승 박규수의 사랑방에 모여 이렇게 개화의 필요성을 배워 가고 있었다. 세상은 급박하게 변하고 있으며, 이런 세상에 적응하기 위해서는 조선도 하루빨리 서양 문물을 받아들이고 개혁해야 한다는 박규수의 생각은 젊은이들에게 큰 감명을 주었다.

개화파 젊은이들은 이런 가르침에 따라 더 많은 공부를 하기 위해 외국으로 유학을 가기도 했다. 김옥균은 일본으로 건너가 메이지 유신 이후 일본이 어떻게 변하고 있는가를 몸소 체험하였다. 그는 이 경험을 통해 개화의 필요성을 더욱 뼈저리게 느끼게 되었고, 조선의 개화를 앞당기기 위해 갑신정변을 일으켰던 것이다.

 덤

헌법 재판소의 백송
지금의 헌법 재판소 자리가 박규수의 옛집이다. 박규수의 집에는 청나라에서 가져온 백송이 심어져 있었다고 하는데, 이 백송은 지금도 헌법 재판소 뜰에 남아 있다. 박규수의 집에서 가까운 지금의 정독 도서관 자리가 김옥균의 집이었고, 김옥균의 이웃에 서재필이 살았다.

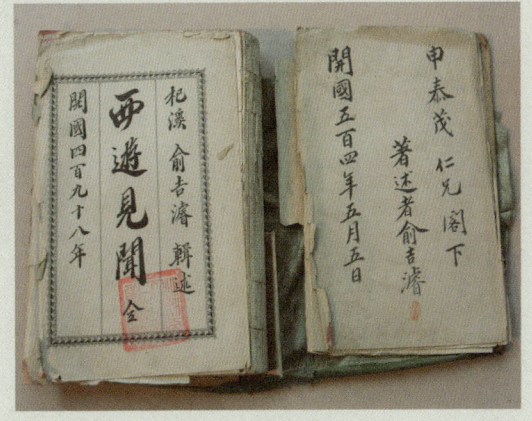

유길준의 《서유견문》
1881년 유길준은 시찰단의 일원으로 일본을 방문하게 되었다. 25세의 양반집 아들 유길준에게 하루가 다르게 변하고 있는 일본의 모습은 놀라움 그 자체였다. 그는 일본에 남기를 희망해 최초의 일본 유학생이 되었다. 후에 그는 미국으로도 건너가 최초의 미국 유학생이 되었다. 미국에서 돌아온 그는 자신이 경험한 서양의 여러 사정을 책으로 펴냈다. 우물 안 개구리와 같은 조선에 새로운 세상이 있음을 알리기 위해서였다. 《서유견문》은 정치·경제·사회·문화 등 여러 측면에서 당시 서양 사정을 기록한 책으로, 책에서 다루는 범위가 대단히 넓어 유길준의 서양에 대한 관심이 얼마나 크고 깊었나를 잘 보여 준다.

4장

왜양을 몰아내자

역사 연대표

- 1866년 병인양요, 신미양요(1871)
- 1876년 강화도 조약, 임오군란(1882)
- 1884년 갑신정변
- 1893년 보은 집회
- 1894년 동학 농민 운동, 청·일 전쟁, 갑오개혁
- 1895년 을미사변, 단발령, 을미의병
- 1896년 아관 파천, 독립 협회 창립
- 1897년 대한 제국 선포, 만민 공동회(1898)
- 1905년 을사조약, 안중근 의거(1909)
- 1906년 의병 봉기, 서울 진공 작전(1908)
- 1907년 신민회 결성, 국채 보상 운동
- 1910년 주권을 빼앗김, 조선 총독부의 무단 통치(~1919)
- 1910년 토지 조사 사업(~1918)
- 1919년 경성 방직 회사 창립, 경성 방송국 설립(1926)

농업 개방 반대 집회

"쌀은 생명이다."를 외치는 농민들의 아우성은 100년 전에도 저렇게 절박했을 것이다. 일본과 서양 세력이 공업 제품을 앞세워 야금야금 농촌을 허물고 있는데도, 무능하고 부패한 정부는 이를 막을 의지도, 방법도 없었으니 농민들은 스스로 일어나 자신을 지켜야 했다.

4장 왜양을 몰아내자

 역 사 돋 보 기

거문도를 점령한 영국 함대

갑신정변이 끝난 후 조선이 러시아와 밀약을 맺으려 한다는 소문이 나돌았다. 청나라의 지나친 간섭에 지친 민씨 세력이 러시아를 끌어들이고 있다는 소문이었다. 러시아의 세력 확대에 신경을 곤두세우고 있던 영국은 이런 소문에 민감하게 반응하였다.
러시아는 1860년 이미 한반도 북단과 가까운 블라디보스토크를 점령하였으나, 이곳은 겨울이면 얼어 버려 항구로서의 기능이 떨어졌다. 이 때문에 러시아가 결국은 조선의 항구를 노릴 것이라는 추측이 널리 퍼졌다. 이란과 아프가니스탄을 둘러싸고 러시아와 충돌했던 영국은 러시아의 남하를 저지하기 위해 1885년 거문도에 군대를 보내 이곳을 점령하였다.
조선 정부는 영국의 무단 침입과 불법 점령에 강력히 항의하였으나, 영국은 러시아 핑계를 대며 물러나지 않았다. 청나라는 영국과 러시아 사이를 중재하면서 조선에서 자신의 지위를 한층 높이려 하였다. 결국 청나라의 중재에 따라, 러시아가 조선 영토를 넘보지 않는다는 약속을 받아 내고 나서야 영국은 거문도에서 물러났다. 점령 2년 만의 일이었다. 조선은 이렇게 자신의 의사와는 전혀 상관없이 강대국의 노리갯감이 되어 가고 있었다.

거문도의 영국인 묘지
영국이 거문도를 점령한 2년 동안 그곳에서 숨진 영국 병사들의 무덤이 아직도 남아 있다.

영국과 러시아의 충돌을 보여 주는 지도
영국과 러시아는 사사건건 충돌하였다. 러시아가 흑해를 통해 남하하려 하자 영국은 크림 반도에서 이를 저지하였고, 다시 이란 쪽으로 내려오는 러시아를 견제하기 위해 아프가니스탄을 점령하였다.

 덤

다시 살아난 동학

동학을 창시한 교조 최제우가 "세상을 어지럽히고 민중들을 속였다."는 죄목으로 처형당하면서 포교 활동이 불법화되자 동학의 교세는 위축될 수밖에 없었다. 이런 어려운 상황 속에서 동학이 다시 살아날 수 있었던 것은 2대 교주 최시형의 노력 덕분이었다. 최시형은 경상도, 전라도, 충청도 농촌 지역을 중심으로 비밀리에 포교 활동을 벌여 동학의 교세를 다시 확대시켰다. 동학은 각 지역마다 포교 책임자인 접주를 두고, 접주 위에는 도주를 두는 등 탄탄한 조직을 갖추고 있었다. 이 때문에 삼례, 보은 집회에 2만 명이 넘는 사람들을 동원할 수 있었던 것이다. 사진은 동학 농민 운동이 실패한 후 붙잡힌 최시형.

5장

보국안민의 깃발을 들고

역사 연대표

- 1866년   병인양요, 신미양요(1871)
- 1876년   강화도 조약, 임오군란(1882)
- 1884년   갑신정변
- 1893년   보은 집회
- 1894년   동학 농민 운동, 청·일 전쟁, 갑오개혁
- 1895년   을미사변, 단발령, 을미의병
- 1896년   아관 파천, 독립 협회 창립
- 1897년   대한 제국 선포, 만민 공동회(1898)
- 1905년   을사조약, 안중근 의거(1909)
- 1906년   의병 봉기, 서울 진공 작전(1908)
- 1907년   신민회 결성, 국채 보상 운동
- 1910년   주권을 빼앗김, 조선 총독부의 무단 통치(~1919)
- 1910년   토지 조사 사업(~1918)
- 1919년   경성 방직 회사 창립, 경성 방송국 설립(1926)

황토현 전적지와 사발통문

봉기를 일으키기로 결심한 사람들은 사발을 종이 위에 엎어 놓고, 그 주위에 돌아가며 자기 이름을 써 넣었다. 누가 주모자인지 알 수 없도록, 아니 모두가 다 같이 주모자임을 드러내기 위해서. 이들의 단결된 의지는 황토현 싸움을 승리로 이끌었다.

5장 보국안민의 깃발을 들고

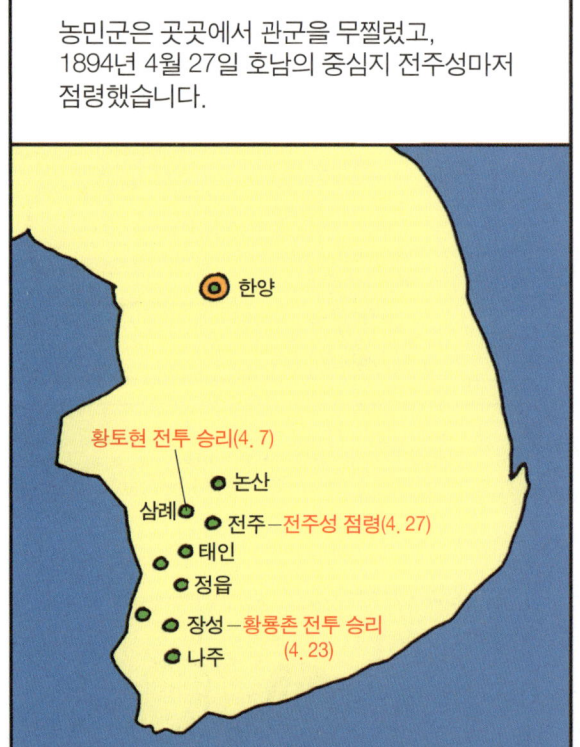

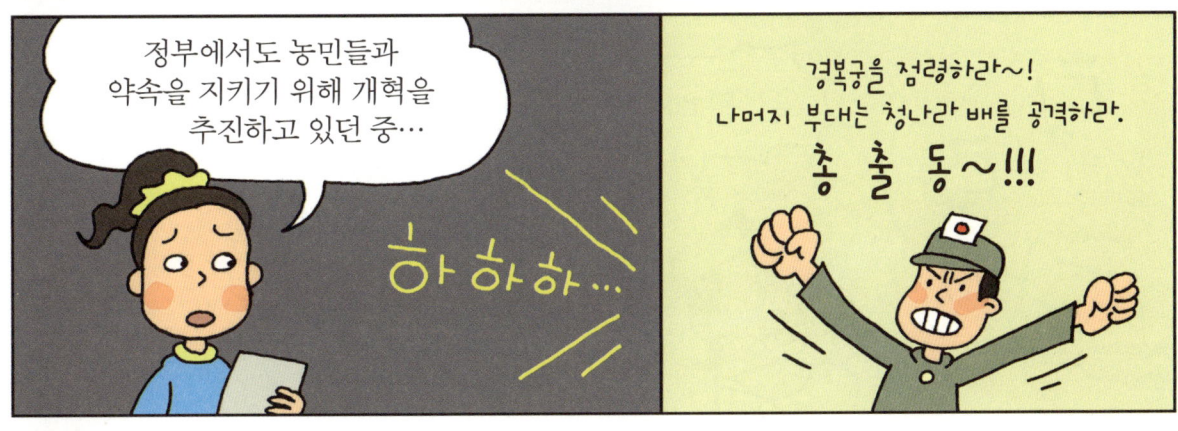

5장 보국안민의 깃발을 들고

 역사 돋보기

우리 손으로 개혁하자, 집강소

전주성을 점령한 전봉준은 전라도 관찰사와 만나, 정부와 농민이 서로 도와 함께 개혁을 추진하기로 합의하였다. 이 합의에 따라 농민군은 전주성에서 물러나는 대신, 각자 자기 고을로 돌아가 집강소를 설치하였다. 각 고을 수령들은 이들의 활동을 인정할 수밖에 없었다. 전봉준은 전주성에 대도소를 설치해 이런 활동을 지원하였다. 집강소는 이처럼 농민들이 개혁을 위해 스스로 만든 자치 기구였다.

집강소가 설치된 지역에서는 여러 가지 개혁이 추진되었다. 부당하게 거둬들인 세금을 농민들에게 되돌려 주기도 하고, 지방 행정을 좌우하던 향리들의 횡포를 가려내 이들을 벌주었으며, 심지어 지방 수령을 쫓아내기도 하였다. 여기서 한 발 더 나아가 과도한 소작료로 농민들을 못살게 굴던 지주들을 혼내 주기도 하고, 노비 문서를 불살라 노비들을 해방시켜 주기도 하였다.

당연히 수령이나 지주들은 이에 반발하였다. 실제로 몇몇 지역에서는 이들의 반발로 집강소가 설치되지 못하기도 하였다. 그러나 대부분 지역에서는 농민들의 절대적인 지지를 바탕으로 집강소가 관청보다 더 큰 힘을 가지고 실질적으로 그 고을을 다스렸다.

일본의 경복궁 침탈 소식이 전해지자 농민들은 외세를 몰아내자며 다시 한 번 봉기하였는데, 이때 농민들을 신속히 모을 수 있었던 것도 집강소 덕분이었다. 그러나 2차 농민 봉기가 우금치에서 패배하면서 집강소도 무너지고 말았다.

 덤

집강소
집강소는 지방 행정을 장악하고 개혁을 추진하였다.

녹두 장군 전봉준

전봉준은 몰락한 양반 출신으로, 동학 농민 운동이 일어나기 직전까지 서당에서 아이들을 가르치면서 직접 농사를 짓고 살았다. 그의 아버지가 고부 군수 조병갑의 횡포에 항의하다가 곤장을 맞고 죽었기 때문에 정부와 벼슬아치들에 대한 불만이 클 수밖에 없었다. 전봉준은 동학 고부 접주를 맡고 있었기 때문에 동학 조직을 이용해 봉기를 일으켰고, 가는 곳마다 승리해 '녹두 장군'이라는 별명을 얻었다. 전주성을 점령했다가 정부와 합의하고 물러나 집강소 활동을 주도하기도 하였다. 일본군이 침략하자, 12만의 농민군을 이끄는 남도 접주로서 10만의 농민군을 이끈 북도 접주 손병희와 함께 2차 봉기를 이끌었으나, 우금치 전투에서 패배하였다. 뒷날을 기약하며 도망치다 옛 동료의 고자질로 붙잡혔고, 서울로 끌려가 처형당하였다.

고부 초등 학교와 고부 향교
동학 농민 운동이 시작된 고부 관아가 있던 곳이다. 조병갑을 몰아낸 농민들은 그 여세를 몰아 전주성까지 함락시켰고, 전주성에서 물러난 후에는 집강소를 설치해 개혁에 나섰다. 초등학교 바로 옆의 향교가 당시의 모습을 짐작케 해 준다.

6장

자주와 근대의 갈림길

역사 연대표

- 1866년 병인양요, 신미양요(1871)
- 1876년 강화도 조약, 임오군란(1882)
- 1884년 갑신정변
- 1893년 보은 집회
- 1894년 동학 농민 운동, 청·일 전쟁, 갑오개혁
- 1895년 을미사변, 단발령, 을미의병
- 1896년 아관 파천, 독립 협회 창립
- 1897년 대한 제국 선포, 만민 공동회(1898)
- 1905년 을사조약, 안중근 의거(1909)
- 1906년 의병 봉기, 서울 진공 작전(1908)
- 1907년 신민회 결성, 국채 보상 운동
- 1910년 주권을 빼앗김, 조선 총독부의 무단 통치(~1919)
- 1910년 토지 조사 사업(~1918)
- 1919년 경성 방직 회사 창립, 경성 방송국 설립(1926)

명성 황후 시해 사건과 옥호루

작전명 '여우 사냥'. 한밤중에 다짜고짜 경복궁에 쳐들어와 이곳저곳을 뒤지던 일본 깡패들은 마침내 경복궁 가장 안쪽 건청궁에서 명성 황후를 발견했다. "죽여라!" 일본도를 휘둘러 한 나라의 왕비를 무참히 살해한 그들은 그것으로도 모자라 시신을 불태우고 연못에 던져 버리는 만행을 저질렀다. 건청궁 옥호루는 그날의 비극을 기억하고 있을 것이다.

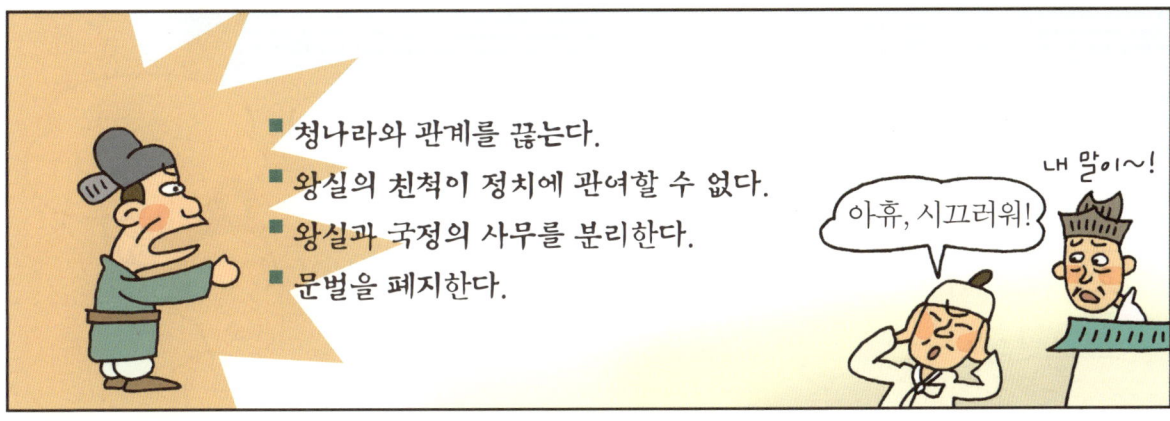

역사 돋보기

명성 황후를 어떻게 평가할까?

대원군은 안동 김씨들이 딸을 왕비로 앉히고 세도를 부리는 폐단을 봐 왔기 때문에, 자신의 아들 고종의 왕비는 권세가 없는 가문에서 고르려고 하였다.

이런 대원군에 의해 선택된 인물이 바로 명성 황후 민씨. 그러나 민씨는 고종이 대원군을 밀어내고 직접 나라를 다스리도록 부추겼고, 이후 계속 대원군과 대립하면서 고종의 가장 강력한 후원자가 되었다. 민씨는 대원군 세력에 대항하고 왕권을 강화하기 위해 자기 집안 친지들을 적극 관리로 등용해 권세를 휘둘렀다.

쇄국 정책을 펴던 대원군을 밀어내고 새로운 집권 세력이 된 민씨들은 처음에는 강화도 조약을 맺고 별기군을 설치하는 등 일본에 기울었다. 그러나 임오군란, 갑신정변 때 청나라의 도움을 받으면서 청에 의존하게 되었고, 청나라의 간섭이 심해지자 이번에는 러시아를 끌어들이려 했다. 동학 농민 운동이 일어나자 이를 진압하기 위해 또다시 청나라를 불러들였고, 이 때문에 청·일 전쟁이 일어났다. 청·일 전쟁에서 이긴 일본은 조선이 러시아에 접근하는 것을 막기 위해 명성 황후를 살해하는 만행을 저지른 것이다.

그녀를 긍정적으로 평가하는 사람들은 명성 황후가 일본, 청, 러시아에 접근한 것은 조선의 주권을 지키기 위해 선택한 유연한 외교 전략이었다고 평가한다. 그러나 그런 평가를 인정한다 하더라도 그녀의 관심은 결코 조선의 '자주적 근대화'에 있지는 않았다. 그녀가 임오군란의 군인들로부터, 그리고 갑신정변의 개화파로부터, 동학 농민 운동의 농민군들로부터 지키고자 했던 것은 왕실과 민씨 일가의 안전과 권세였다. 이런 점에서 최근 이루어지고 있는 명성 황후 민씨에 대한 지나친 미화는 생각해 볼 문제다.

명성 황후 사진들

명성 황후라고 알려진 사진은 두 종류가 있다. 사진 ①이 일반적으로 명성 황후라고 알려져 있었으나 이 사진의 주인공은 황후가 아니라 궁녀라는 주장이 제기되었다.
사진 ②는 이승만이 쓴 《독립정신》이라는 책에 실린 사진으로 이 사진의 주인공이 진짜 명성 황후라는 주장도 있다.
사진 ③은 프랑스 언론에 소개된 명성 황후이다. 사진 ①을 보고 그린 것으로 추측된다.

내 목을 자를지언정

을미사변을 저지른 일본은 양력을 사용하게 하고 상투를 자르게 하는 개혁 조치를 단행했다. 특히 상투를 자르게 하는 단발령은 조선인들의 큰 저항을 불러왔다. 유학에서 가장 중시하는 덕목은 효였고, 효의 시작은 부모님이 물려준 몸을 그대로 보존하는 것이라고 믿었던 조선인들은 "내 목을 자를지언정 내 머리카락은 자를 수 없다."며 반발하였다. 장에 나갔다가 강제로 상투가 잘린 유생이 자결하는 일도 벌어졌다. 단발한 아들 때문에 조상 뵐 낯이 없다며 스스로 목숨을 끊는 사람까지 있었다. 단발령에 대한 이런 강력한 반발은, 명성 황후 시해에 대한 분노와 겹쳐 의병 운동이 일어나는 계기가 되었다. 사진은 단발한 고종.

7장

외세의 간섭은 갈수록 심해지고

역사 연대표

- 1866년 병인양요, 신미양요(1871)
- 1876년 강화도 조약, 임오군란(1882)
- 1884년 갑신정변
- 1893년 보은 집회
- 1894년 동학 농민 운동, 청·일 전쟁, 갑오개혁
- 1895년 을미사변, 단발령, 을미의병
- 1896년 아관 파천, 독립 협회 창립
- 1897년 대한 제국 선포, 만민 공동회(1898)
- 1905년 을사조약, 안중근 의거(1909)
- 1906년 의병 봉기, 서울 진공 작전(1908)
- 1907년 신민회 결성, 국채 보상 운동
- 1910년 주권을 빼앗김, 조선 총독부의 무단 통치(~1919)
- 1910년 토지 조사 사업(~1918)
- 1919년 경성 방직 회사 창립, 경성 방송국 설립(1926)

독립문

청나라 사신을 맞던 영은문이 있던 자리에 국민의 성금을 모아 세운 독립문. 자주 독립을 향한 열망은 이렇게 드높았으나, 그 방법을 두고서는 의견이 갈리고 있었고, 그 틈을 타 외세의 간섭은 더욱 심해져 갔다.

역사 돋보기

우리나라 최초의 순한글 신문, 〈독립신문〉

독립 협회는 정부의 지원을 받아 〈독립신문〉을 발행하여 근대 문물의 수용과 자주 독립의 중요성을 알려 나갔다. 〈독립신문〉은 창간사에서, "전국 인민을 위한 대변자가 되고, 정부가 하는 일을 백성에게 전하고 백성의 정세를 정부에 알릴 것이며, 부정부패 탐관오리 등을 고발할 것"이라고 밝혔다. 우리나라 최초의 신문인 〈한성순보〉가 한문으로 쓰여진 정부 발행의 신문이었다면 〈독립신문〉은 우리나라 최초의 순한글 신문으로 누구나 읽기 쉽도록 만들어졌으며, 해외에 우리나라의 소식을 알리기 위해 4면 중 1면을 영어로 발행하였다.

그러나 〈독립신문〉을 읽다 보면 고개를 갸웃거리게 하는 부분이 많이 나온다. 예를 들어 〈독립신문〉은 동학 농민군이나 의병들을 '비적'이라며 비난하였다. 군대를 키워 자주 국방을 하기보다는 외국의 도움과 인정을 받아 독립을 유지할 수 있다고 주장했으며, 의회 개설을 주장했지만 조선의 민중은 아직 무식하니 자격을 갖춘 사람들로 상원부터 만들자고 목소리를 높였다.

"우리도 대한에 외국 군사가 하나라도 있는 것을 좋아 아니 하나 지금 대한 인민의 학문 없는 것을 생각할진대 외국 군사가 있는 것이 오히려 다행인지라. 만일 외국 군사가 없었다면 동학과 의병이 그동안 벌써 경성에 침범하였을 터이요, 경성 안에서 무슨 요란한 일이 있었을는지 모를러라."

이 사설은 〈독립신문〉을 만든 사람들의 한계를 뚜렷이 보여 준다. 동학과 의병은 나라를 어지럽히는 도적떼인데 조선 인민들은 무식하여 그런 것을 잘 모르니 이들을 막아 줄 외국 군대가 있는 것이 다행이라는 것이다. 이들은 제국주의의 침략성을 제대로 보지 못하고, 민중들은 무식해서 깨우쳐야 할 대상으로만 생각하였다.

 덤

서재필
스무 살의 나이로 갑신정변에 참여하였던 서재필은 이후 미국으로 피신하여 미국 국적을 얻었다. 이름마저 필립 제이슨으로 고친 그는 〈독립신문〉 발간을 주도하였지만, 우리 것은 낡은 것이고 서양 것은 새롭고 좋은 것이라는 생각을 갖고 있었다.

알렌의 이권 넘겨주기

1884년 갑신정변이 일어났을 때 명성 황후 민씨의 친정 조카이자 당시 권력의 실세였던 민영익은 개화파의 칼에 맞아 생명이 위독할 정도로 큰 부상을 입었다. 그를 살려 낸 것은 서양 선교사이자 의사였던 알렌이었다. 알렌은 이 사건 이후 왕실과 민씨의 총애를 받게 되었다. 나라에서 알렌의 건의를 받아들여 최초의 서양식 병원 광혜원을 세워 줄 정도였다. 알렌은 이런 왕실과의 인연을 이용하여 각종 이권을 자신과 가까운 사람에게 넘겨주고, 자신도 많은 대가를 챙겼다. 특히 노다지로 유명한 운산 광산 채굴권과 경인 철도 부설권을 자신의 친구 모스에게 따 줬다. 알렌은 이 공으로 주한 미국 공사가 되었다.

〈독립신문〉
독립 협회는 〈독립신문〉을 통해 민중들을 깨우치려 하였다.

8장

어떻게 독립을 지킬 것인가

역사 연대표

- 1866년   병인양요, 신미양요(1871)
- 1876년   강화도 조약, 임오군란(1882)
- 1884년   갑신정변
- 1893년   보은 집회
- 1894년   동학 농민 운동, 청·일 전쟁, 갑오개혁
- 1895년   을미사변, 단발령, 을미의병
- 1896년   아관 파천, 독립 협회 창립
- 1897년   대한 제국 선포, 만민 공동회(1898)
- 1905년   을사조약, 안중근 의거(1909)
- 1906년   의병 봉기, 서울 진공 작전(1908)
- 1907년   신민회 결성, 국채 보상 운동
- 1910년   주권을 빼앗김, 조선 총독부의 무단 통치(~1919)
- 1910년   토지 조사 사업(~1918)
- 1919년   경성 방직 회사 창립, 경성 방송국 설립(1926)

황궁우

러시아 공사관에서 돌아온 고종은 황궁우에서 황제 즉위식을 거행하고 대한 제국을 선포했다. 더 이상 어디에도 간섭받지 않는 자주국을 이루겠다는 의지였다. 그러나 왕에서 황제로, 조선에서 대한 제국으로 이름을 바꿨다고 해서 자주국을 이룰 수 있는 것은 아니었다. 시련은 계속되고 있었다.

1897년 고종은 대한 제국을 선포하고, 세계 만방에 우리나라가 독립 국가임을 알렸습니다.

외세에 흔들리지 않고 나라를 바로 세우겠다는 의지를 밝힌 거지요.

과연 대한 제국은 그 의지와 함께 힘을 갖추기 위해 어떤 노력을 기울였는지

특별 손님 두 분을 모시고 이야길 들어 보겠습니다.

백성의 뜻 모아 개혁을!

황제를 중심으로 개혁을!

이상재
미국 공사관의 1등 서기관을 비롯해 대한 제국의 관리로 일했고, 독립 협회의 부회장을 맡았다.

이용익
대한 제국의 재정 책임자. 강력한 군주가 개혁의 주체여야 한다고 주장하였다.

역사 돋보기

커피를 즐긴 고종

1887년 3월 6일 밤, 경복궁에 전깃불이 켜졌다. 향원정 연못의 물로 발전기를 돌리고, 고종과 명성 황후의 침실 근처에 전등을 달아 불을 켠 것이다. 전등을 처음 본 사람들은 이 휘황하게 밝은 등불에 감탄할 수밖에 없었다. 물을 이용해 켠 불이라고 해서 '물불'이라고 부르는 사람도, 묘한 불이라고 해서 '묘화'라고 부르는 사람도 있었다. 어떤 사람들은 전기 사정 때문에 자주 꺼지던 그 불을 '건달불'이라고도 했다. 궁궐만을 밝히던 전등은 1890년 서울 종로 거리를 밝히게 되었다.

서양 문물의 도입은 사람들의 생활을 바꿔 놓았다. 1898년 명성 황후 민씨의 무덤인 홍릉을 자주 다니던 고종을 위해 서대문−종로−홍릉(청량리)을 오가는 전차가 달리기 시작했고, 1899년에는 인천과 노량진 사이에 기차가 다니게 되었다. 전차나 기차를 타 보기 위해 일부러 상경하는 농민도 생겨났고, 하루 종일 전차를 타다 재산을 날리는 사람도 나왔다. 1885년에는 전신기가 들어왔고, 1902년에는 전화도 설치되었다. 그러나 침략자인 일본과 서양의 문물이 들어오는 것을 달갑지 않게 생각하는 사람도 많았다. 전차가 운행된 지 얼마 안 되서 다섯 살 어린아이가 전차에 깔려 숨지는 사건이 일어나자 사람들은 전차에 불을 질러 버리기도 하였다.

서양 음식도 많이 들어왔는데, 그 가운데 커피는 꽤 인기가 있었다. 특히 고종은 러시아 공사관에 있는 동안 커피에 맛을 들여 이후 커피를 매일 마셨다고 한다. 경운궁(덕수궁)에는 고종이 커피를 마시던 서양식 건물 정관헌이 남아 있다.

전차와 최초의 전깃불

경운궁의 정관헌
의자와 탁자가 놓인 이 서양식 건물은 고종이 커피를 마시며 휴식을 취하던 곳이다.

 덤

백정도 연설을 한 만민 공동회

만민 공동회는 애초에 독립 협회가 주최한 민중 정치 집회였다. 이 집회에서는 신분의 차이를 넘어 누구나 연설을 할 수 있었다. 1898년 3월 10일 종로에서 열린 첫 번째 만민 공동회에서는 쌀 장수 현덕호가 나서 러시아의 이권 침탈에 반대하는 연설을 해 군중들의 박수를 받았다. 이후 날마다 이어진 집회를 통해 민중들은 자신들의 요구를 거침없이 내놓았다. 10월 29일 만민 공동회에서는 천대받던 백정 출신 박성춘이 개막 연설을 하였다. 만민 공동회는 이런 활동을 통해 점차 의견을 하나로 모아 의회 개설을 요구하기에 이르렀고, 결국 대한 제국과 충돌하여 해산당하였다.

9장

이 날을 목 놓아 통곡한다

역사 연대표

- 1866년 병인양요, 신미양요(1871)
- 1876년 강화도 조약, 임오군란(1882)
- 1884년 갑신정변
- 1893년 보은 집회
- 1894년 동학 농민 운동, 청·일 전쟁, 갑오개혁
- 1895년 을미사변, 단발령, 을미의병
- 1896년 아관 파천, 독립 협회 창립
- 1897년 대한 제국 선포, 만민 공동회(1898)
- 1905년 을사조약, 안중근 의거(1909)
- 1906년 의병 봉기, 서울 진공 작전(1908)
- 1907년 신민회 결성, 국채 보상 운동
- 1910년 주권을 빼앗김, 조선 총독부의 무단 통치(~1919)
- 1910년 토지 조사 사업(~1918)
- 1919년 경성 방직 회사 창립, 경성 방송국 설립(1926)

안중근 의거와 그의 손도장이 찍힌 글씨

힘이 느껴지는 강렬한 필체의 '인내' 두 글자만큼이나 낙관으로 찍힌 손도장이 눈길을 끈다. 네 번째 손가락 한 마디가 잘린 큼지막한 손. 안중근은 나라를 위해 몸 바칠 것을 결심하면서 왼손 넷째 손가락 한 마디를 잘라 동지들과 동맹을 맺었다. 손가락을 잘라 맺은 동맹, 바로 단지 동맹이었다.

9장 이 날을 목 놓아 통곡한다

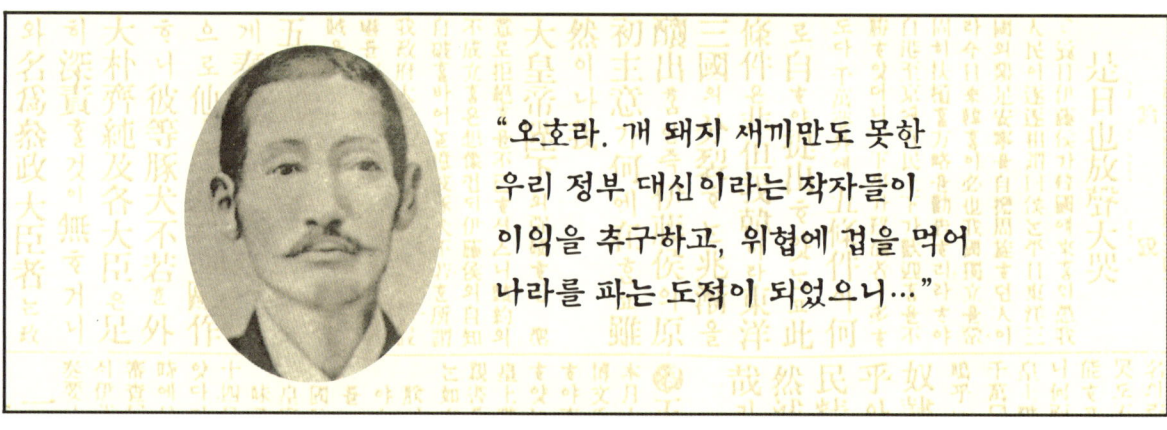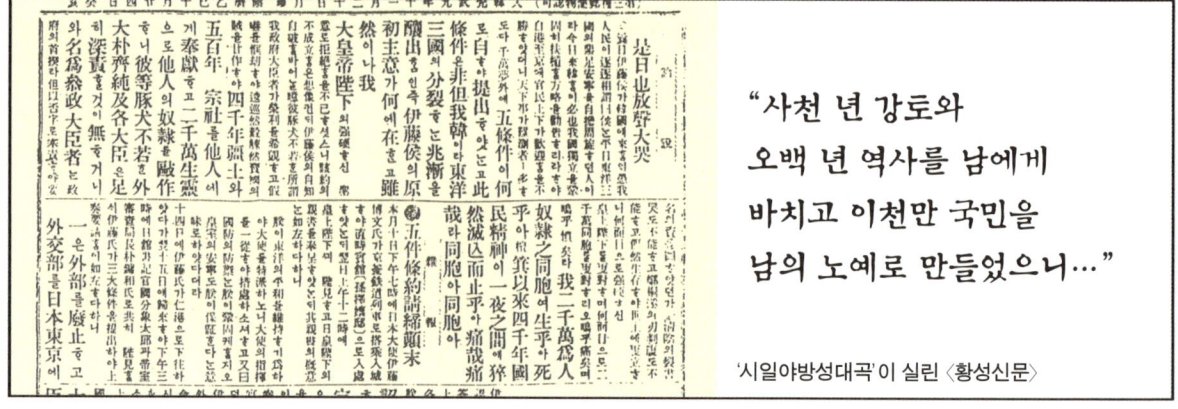

'시일야방성대곡'이 실린 〈황성신문〉

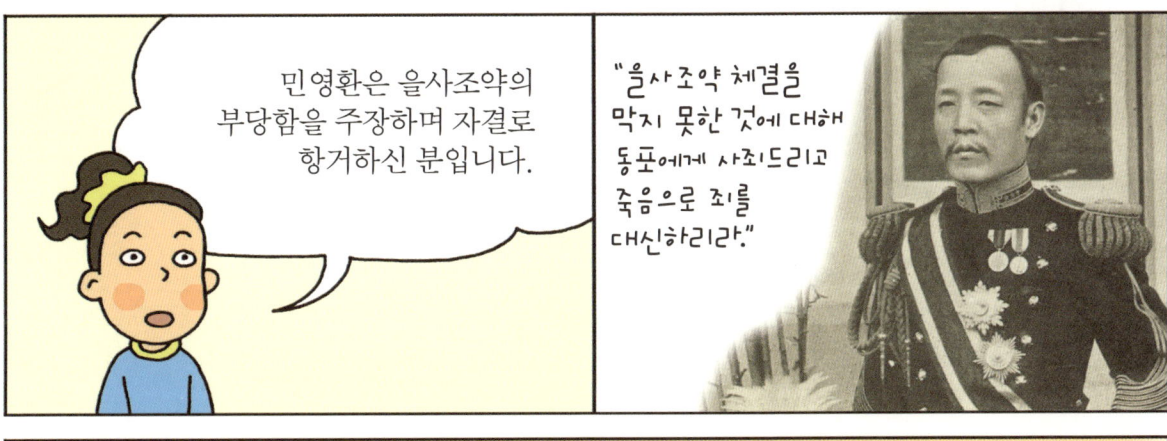

선생님, 저는 안중근 의사에 대해 조사했어요.

안중근 의사의 글씨 옆에 찍힌 손도장을 보세요.

네 번째 손가락의 첫째 마디가 없습니다.

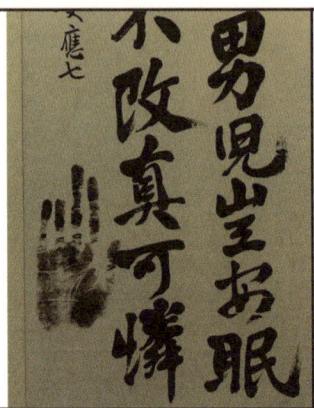

안중근 의사는 1909년 열한 명의 동지들과 손가락을 잘라 피로 대한 독립을 쓰고 일제에 대한 항쟁을 다짐했습니다.

조국의 독립을 위해 목숨을 바치리라!!

그리고 1909년, 이토 히로부미가 만주 하얼빈을 방문하자 그를 사살했습니다.

안중근 의사는 만주의 뤼순 감옥에 갇혀 재판을 받았습니다.

"나는 암살범이 아니다. 이토 히로부미는 대한 제국을 침략하고 동양 평화를 어지럽혔으므로 대한 제국의 의병 자격으로 제거한 것이다."

역사 돋보기

러·일 전쟁에서 일본이 승리할 수 있었던 까닭은?

러·일 전쟁에서 일본이 승리하자 전 세계는 경악하였다. 대국 러시아가 아시아의 조그만 나라 일본에게 지다니! 반대로 일본은 이 승리에 환호하며 본격적인 침략자의 길로 나아가게 된다. 과연 일본은 어떻게 자신보다 몇 배나 더 크고 몇 배나 더 많은 군대를 가진 러시아에 승리할 수 있었을까?

메이지 유신 이후 온 국력을 쏟아 만든 군함과 대포의 위력이나 엄격한 훈련으로 갈고 닦은 군대의 힘도 승리의 원인이 됐지만, 그보다 더 중요한 이유는 러시아의 내분과 미국, 영국의 지원이었다. 러·일 전쟁이 한창이던 1905년 1월, 러시아에서는 '피의 일요일' 사건이 터졌다. 황제에게 빵을 요구하며 행진을 벌이던 가난한 노동자와 그 가족들이 경비대에 의해 무참히 살해당한 것이다. 이 사건에 분노한 러시아인들은 황제 체제에 반대하는 격렬한 시위와 파업을 벌여 러시아 정부를 궁지에 몰아넣었다.

게다가 러시아의 팽창을 견제하고 있던 영국은 영·일 동맹을 맺어 일본을 지원하였다. 러시아는 불리한 전세를 뒤집기 위해 발틱 함대를 동해로 이동시켜 일본과 싸우려 하였다. 그러나 영국은 러시아 함대가 수에즈 운하를 통과하는 것을 막았고, 할 수 없이 발틱 함대는 아프리카를 돌아 인도양을 거쳐 동해로 들어와야만 했다. 그동안 병사들은 지쳐 버렸고, 이 함대의 이동 경로와 상황은 영국에 의해 시시각각 일본에 통보되었다. 미국은 영국과 함께 일본에게 전쟁 자금을 빌려 줬을 뿐 아니라, 러·일 전쟁에서 이긴 대가로 일본이 조선을 차지하는 것을 인정하는 비밀 조약을 맺었다. 에스파냐에 이겨 필리핀을 차지하게 된 미국은, 자신들의 필리핀 점령을 일본에 인정받는 대신 일본의 조선 점령을 인정한 것이다.

 덤

발틱 함대의 이동 경로
발틱 함대는 영국의 방해로 장장 7개월 동안 무려 2만 9000킬로미터를 항해해 와야 했다.

독도는 우리 땅!

러·일 전쟁 중 독도의 전략적 중요성을 알아차린 일본은 독도를 은근슬쩍 자기네 영토로 편입시켰다. 주인 없는 섬을 발견했다고 시마네현에서 고시하고 다케시마라는 이름으로 현에 편입시킨 것이다. 나중에 이 사실을 안 조선 정부는 이곳이 우리 영토임을 밝히고 일본에 항의하였지만, 1905년 을사조약으로 외교권을 빼앗겼기 때문에 제대로 된 항의나 철회 조치를 취하지 못하였다. 해방 후 독도는 다시 우리 땅이 되었지만, 아직까지도 일본은 틈날 때마다 독도가 일본 영토라는 억지를 부리고 있다.

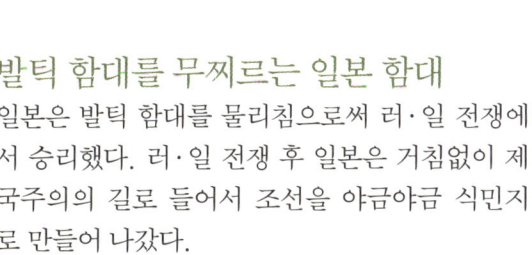

발틱 함대를 무찌르는 일본 함대
일본은 발틱 함대를 물리침으로써 러·일 전쟁에서 승리했다. 러·일 전쟁 후 일본은 거침없이 제국주의의 길로 들어서 조선을 야금야금 식민지로 만들어 나갔다.

10장

자, 우리 총칼을 들자

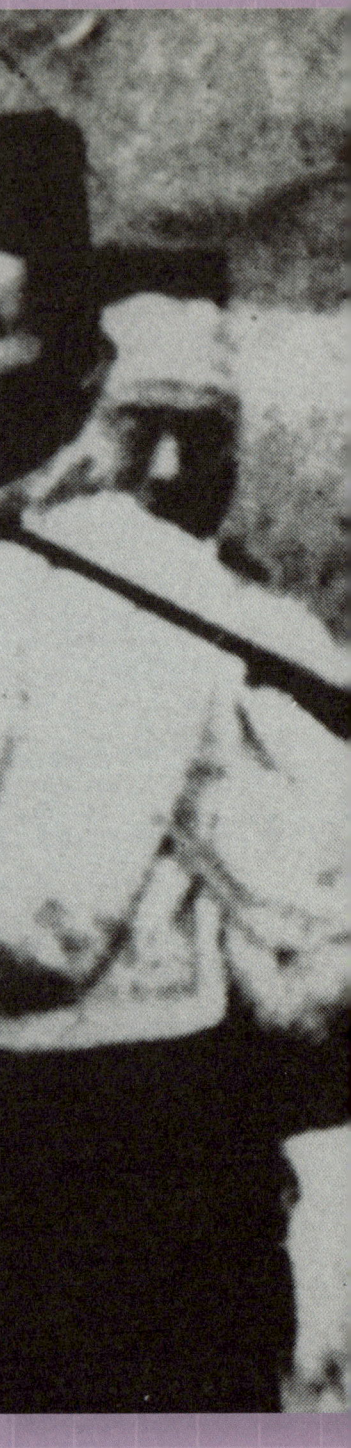

역사 연대표

- 1866년 병인양요, 신미양요(1871)
- 1876년 강화도 조약, 임오군란(1882)
- 1884년 갑신정변
- 1893년 보은 집회
- 1894년 동학 농민 운동, 청·일 전쟁, 갑오개혁
- 1895년 을미사변, 단발령, 을미의병
- 1896년 아관 파천, 독립 협회 창립
- 1897년 대한 제국 선포, 만민 공동회(1898)
- 1905년 을사조약, 안중근 의거(1909)
- **1906년 의병 봉기, 서울 진공 작전(1908)**
- 1907년 신민회 결성, 국채 보상 운동
- 1910년 주권을 빼앗김, 조선 총독부의 무단 통치(~1919)
- 1910년 토지 조사 사업(~1918)
- 1919년 경성 방직 회사 창립, 경성 방송국 설립(1926)

소년 의병

왜적을 몰아내고 나라를 지키겠다고 일어선 사람들은 잘나고 많이 배운 양반들만이 아니었다. 농민들도, 해산당한 군인들도, 심지어 앳된 얼굴의 소년까지도 죽창과 총칼을 들고 의병 대열에 합류했다. 저 어린 소년은 과연 어떤 심정으로 총을 들었을까?

10장 자, 우리 총칼을 들자

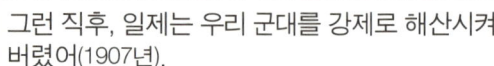

연표: 1894년~1910년.

일제와 맞서 싸운 역사!!!

1894년	1월~4월 동학 농민 운동 일어남
	5월 농민군 전주성 점령
	6월 일본군 무력으로 경복궁 점령. 청일 전쟁 일으킴
	9월 농민군 재봉기 10월 농민군 우금치에서 패배
1895년	8월 일본 깡패들 민비 시해. 단발령 시행
	항일 의병 운동 일어남
1896년	의병 운동 전국적으로 퍼짐
1897년	대한 제국 수립. 광무개혁 추진
1898년	만민 공동회를 통해 자주독립을 외침
1900년	활빈당 활동 전국적으로 활발
1905년	을사조약 강제 체결
1906년	최익현, 신돌석 등 전국에서 의병 부대 일으킴
1907년	을사 오적 암살단 활약
	군대 강제 해산. 13도 창의군 활동
1909년	안중근 의사 이토 히로부미 사살

자료 조사 및 제작 : 한솔, 아름, 현수

 역사 돋보기

실패한 서울 진공 작전

1905년 을사조약 체결 소식이 알려지자 전국 곳곳에서 의병이 일어났다. 의병 운동은 해산된 군인들이 합류한 1907년 절정에 이르러 '의병 전쟁'으로 발전하였다. 의병장 이인영은 각 지방 의병장들에게 격문을 보내, 11월에 군사를 이끌고 양주에 모여 서울로 쳐들어가자고 호소하였다. 이 격문에 호응한 전국 각지의 의병 1만여 명이 양주로 몰려들어 '13도 창의군'이라는 의병 연합 부대를 결성하였다. 이 연합 부대에는 해산 군인 3000여 명도 포함되어 있었다.

전국을 떠들썩하게 했던 이 작전은, 그러나 너무 허무하게 끝나 버리고 말았다. 총대장 이인영이 아버지 상을 당하자, "불효를 하면서 충을 할 수는 없다."며 고향으로 돌아가 버렸고, 구심점을 잃은 의병 부대는 우왕좌왕하다가 곳곳에서 일본군에 의해 각개격파당해 버렸다.

1895년 을미사변 때부터 의병 운동을 주도했던 양반 의병장들은 이렇게 아직 낡은 생각에서 깨어나지 못하고 있었다. 당시 의병 전쟁에서 가장 빛나는 성과를 올리고 있었던 평민 의병장 신돌석과 홍범도를 평민이라 하여 '13도 창의군'에 부르지 않은 것만 보더라도 이들의 한계를 뚜렷이 알 수 있다. 유교적인 신분 차별 의식에 젖어 있던 그들은 결국 서울 진공 작전에 실패하고, 이후 의병 전쟁의 주도권을 평민 의병장들에게 넘겨줘야만 했다.

덤

최익현
을사조약이 체결되자 누구보다 앞장서 의병을 일으켰던 최익현은, 정부군이 의병을 진압하러 오자, "왕의 군대와 싸울 수 없다."며 스스로 투항하였다.

의병
서울 진공 작전 실패 이후 의병 전쟁의 주도권은 평민에게 넘어갔다.

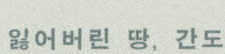

잃어버린 땅, 간도
오랫동안 우리 민족의 활동 무대였던 간도도 일본에 의해 청나라로 넘어갔다. 간도는 압록강과 두만강 북쪽의 만주 지역을 말하는데, 예전부터 우리 민족의 활동 무대였고, 삼정이 문란해진 조선 후기에는 농민의 이주가 부쩍 늘어 우리 민족이 더욱 많이 살게 되었다. 이를 두고 조선과 청나라 사이에 소유권 분쟁이 있어, 숙종 때 양국의 국경을 정하는 백두산 정계비를 세웠는데, 이 비에는 양국의 국경을 "압록강과 토문강으로 한다."고 적혀 있다. 이후 토문강이 어디냐를 두고 조선과 청의 의견이 갈렸다. 그러나 일본은 이런 사정을 무시하고 1909년 만주 철도 부설권을 넘겨준다면 간도가 청나라 땅임을 인정하겠다는 간도 협약을 맺어 버렸다.

11장

실력을 키우는 것이 먼저다

역사 연대표

- 1866년 병인양요, 신미양요(1871)
- 1876년 강화도 조약, 임오군란(1882)
- 1884년 갑신정변
- 1893년 보은 집회
- 1894년 동학 농민 운동, 청·일 전쟁, 갑오개혁
- 1895년 을미사변, 단발령, 을미의병
- 1896년 아관 파천, 독립 협회 창립
- 1897년 대한 제국 선포, 만민 공동회(1898)
- 1905년 을사조약, 안중근 의거(1909)
- 1906년 의병 봉기, 서울 진공 작전(1908)
- 1907년 신민회 결성, 국채 보상 운동
- 1910년 주권을 빼앗김, 조선 총독부의 무단 통치(~1919)
- 1910년 토지 조사 사업(~1918)
- 1919년 경성 방직 회사 창립, 경성 방송국 설립(1926)

오산고등학교 교정의 이승훈 선생 동상

"총칼을 드는 사람도 있어야 하겠으나, 그보다 더 중요한 것은 백성들이 깨어나는 것이다." 오산 학교를 세운 이승훈 선생은 학생들을 향해 이렇게 말했다. 교육을 통해 실력을 키워 나라를 지키자던 이들의 의지는 여전히 그 빛을 잃지 않고 있다.

이승훈 선생(1864~1930)
평양을 중심으로 활약했던 기업가.
1907년 오산 학교를 세웠고
3·1 운동 때 민족 대표 33인 중
한 사람으로 참여했다.

안창호 선생(1878~1938)
20세 젊은 나이로
평양에서 만민 공동회를 열어
많은 사람을 감동시켰고,
미국 유학 중에 을사조약
체결 소식을 듣고 귀국하여
비밀 조직 '신민회'를 만들고
대성 학교를 세웠다.

양기탁 선생(1871~1938)
〈대한매일신보〉를 운영하며
일제의 침략성과 의병의 활동상을 널리 알렸으며,
대한 제국이 망한 뒤 만주로 가서
독립 운동 단체를 세우고 독립 운동가 양성에 힘썼다.

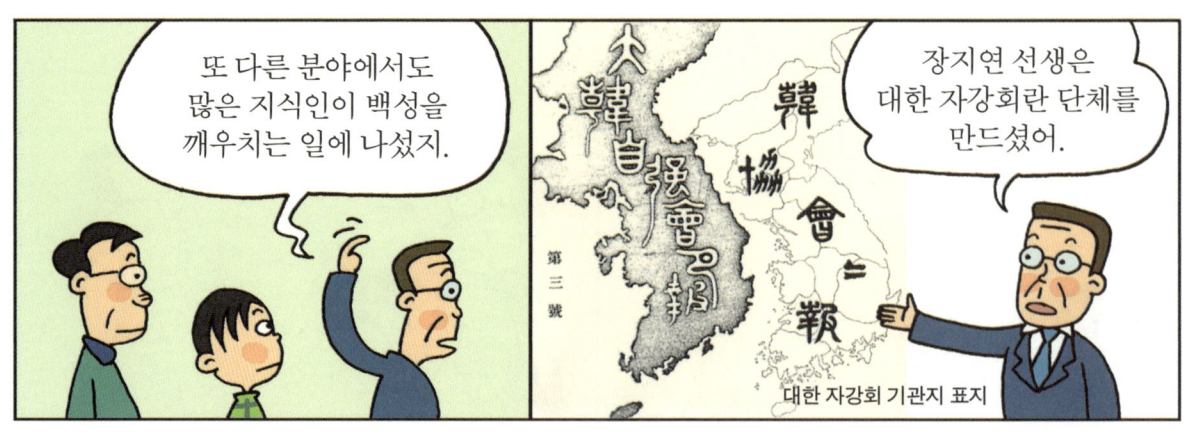

《대한매일신보》는 사원 전부가 신민회 회원이었던 애국 언론이었단다.

의병 항쟁 소식을 실어 우리 국민들에게 희망을 주었고,
이걸 봐!
와, 힘이 나네 그려~!

애국 논설을 써서 사람들에게 민족 의식을 심어 주었단다.
이거 아주 골칫거린걸!

민족주의 역사가인 신채호 선생과 박은식 선생도 〈대한매일신보〉에 사설을 썼지.
…민족을 빼면 역사가 없을 것이며, 역사를 알지 못한다면 그 민족의 애국심이 사라질 것이니… (독사신론)
신채호

그리고 그때 나라 빚 갚기 운동도 벌어졌지.
오잉?

대한 제국 정부가 일본에 진 빚이 1300만 원이나 있었거든.
뎨어먹지 마셔!
으…

그것을 안 국민들이 돈을 모아서 그 빚을 갚겠다고 나선 거지.
빚갚을 테니 떠나라!!!

이 운동에 대한 국민들의 열기는 대단했어.
술 담배 다 끊고 그 돈을 모아…
시집올 때 가져온 가락지 패물 다 낼 테니 빚 갚는 데 보태요!

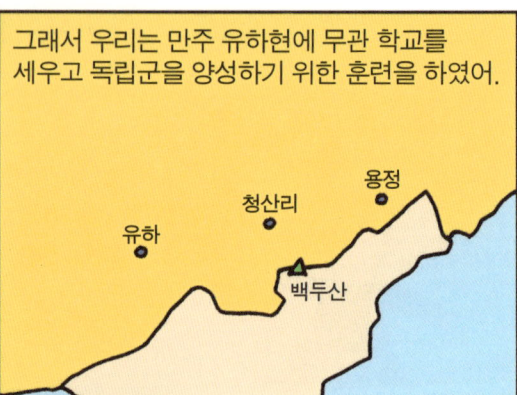

 역사 돋보기

지배층의 의무를 몸소 보여 준 이회영 가족

나라가 위기에 처하자 많은 사람이 떨쳐 일어나 일제에 맞서 싸웠다. 그러나 정작 그동안 권력을 누려 온 집권 양반층, 노론의 대응은 소극적이었다. 이들은 그동안 누려 온 자신들의 체면이 깎이는 것에 분노했지만 일본의 힘에 굴복해 체념하는 경우가 많았고, 심지어 일본 편에 붙어 자신의 지위를 계속 유지하려 하는 사람도 있었다. 그러나 끝까지 절개를 지키고 민족을 위해 자신을 희생함으로써 진정한 양반, 선비의 모범을 보여 준 사람도 있었다. 을사조약 체결에 자결로 항의한 민영환이나 군대 해산에 항의해 목숨을 끊은 박승환 같은 인물이 바로 그들이다. 이회영과 그 형제들도 그런 사람들이었다.

이회영의 집안은 이항복의 후손으로 영의정과 판서를 여럿 배출한 명문가였다. 그의 아버지만 하더라도 고종 때 이조판서를 지냈다. 집안의 재산도 많아 나라가 망했어도 누구보다 풍족하고 호화로운 생활을 할 수 있었다. 그러나 이회영은 자신의 부귀영화를 추구하지 않고 신민회에 가담해 나라의 독립을 지키기 위해 노력하였다. 1910년 나라가 망하자 형제들과 집안 회의를 열어, "나라가 망한 이때 나라의 은혜를 입어 온 우리 집안이 이대로 있을 수는 없다."며 가족들을 설득하였다. 결국 이회영의 가족 60여 명은 전 재산을 처분해 1910년 12월 눈보라를 뚫고 만주로 집단 망명하였다.

이회영이 만주로 간 것은 신민회가 추진하고 있던 독립 운동 기지 건설에 동참하기 위해서였다. 이회영은 이 계획을 위해 무려 40만 원이라는 거금을 내놓았다. 당시 쌀 한 가마니의 값이 3원이었으니, 지금으로 치면 600억 원에 해당하는 큰 돈이었다. 이 돈으로 땅을 사고 학교를 지어 독립군을 키워 낸 것이다. 이렇게 그는 양반의 의무, 지배층의 진정한 권위가 무엇인지를 몸소 보여 주었다.

이회영
독립 운동에 모든 재산을 쏟아부은 이회영 일가는 1925년 이후 극심한 가난에 시달렸다. 그러나 그는 결코 독립 운동을 포기하지 않았다. 1932년 상하이에서 다롄으로 건너가 독립 운동 근거지를 마련하다가 일본 경찰에 체포된 그는 심한 고문을 받은 끝에 옥사하였다.

국경 경비대
이회영 일가도 이처럼 삼엄한 일제의 경비를 뚫고 만주로 망명하였을 것이다.

가락지, 비녀를 팔아서라도 나라 빚을 갚자!
"서울 상사동의 이씨 부인, 패물을 팔아 2환을 보탬." "약방 기생 39인이 '비록 여자 중 천인이나 국가의 의무를 저버릴 수 없다.'고 24환을 합동으로 보탬."
〈대한매일신보〉에 실린 국채 보상 운동 참가자들의 사연이다. 일본에 진 나라 빚 1300만 원을 갚자는 국채 보상 운동은 국민들의 열렬한 호응 속에 진행되었다. 남자들은 담배를 끊었고, 여자들은 가락지와 비녀를 팔아 모금 운동에 나섰다. 특히 여성들의 참여가 두드러졌다. 여성들은 밥을 줄이고 반찬값을 아껴 돈을 모았으며, 기생들도 이 운동에 동참하였다.

12장

삼천리 금수강산 지옥이 되어

역사 연대표

- 1866년   병인양요, 신미양요(1871)
- 1876년   강화도 조약, 임오군란(1882)
- 1884년   갑신정변
- 1893년   보은 집회
- 1894년   동학 농민 운동, 청·일 전쟁, 갑오개혁
- 1895년   을미사변, 단발령, 을미의병
- 1896년   아관 파천, 독립 협회 창립
- 1897년   대한 제국 선포, 만민 공동회(1898)
- 1905년   을사조약, 안중근 의거(1909)
- 1906년   의병 봉기, 서울 진공 작전(1908)
- 1907년   신민회 결성, 국채 보상 운동
- 1910년   **주권을 빼앗김, 조선 총독부의 무단 통치(~1919)**
- 1910년   토지 조사 사업(~1918)
- 1919년   경성 방직 회사 창립, 경성 방송국 설립(1926)

서대문 형무소

"한국의 황제 폐하께서는 대한 제국 정부에 관한 일체의 통치권을 완전히, 또한 영구히 대일본 제국 천황 폐하께 넘겨 준다." 순종은 이 조약에 서명하기를 끝까지 거부했지만 일제는 일방적으로 조약 체결을 선언했다. 이제 우리 강토는 일본의 손아귀에 넘어갔다. 그러나 자주 독립을 향한 의지마저 빼앗을 수는 없었다.

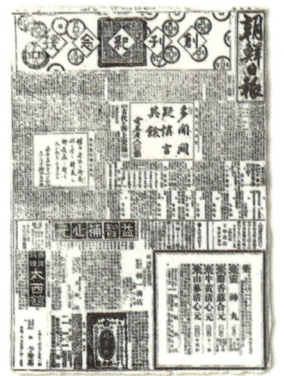

 역 사 돋 보 기

나라를 팔아넘긴 사람들, 일진회

"원수놈 일진회야! 잘 보아라. 국세를 보건대 분개를 금할 수 없노라. 4천여 년 이어 온 맥이 한순간에 망하였으니 무슨 면목으로 단군, 기자를 대하리오. … 이렇게 만든 자는 누구냐, 바로 일진회가 아니냐. … 보라, 우리의 형제 안중근은 이토오의 머리를 쏘아 죽였고, 이재명은 역적 대신을 총살하였으니, 독립의 날이 날듯이 찾아올 것이다. 원수놈의 일진회야, 너희도 똑같은 운명이다."

〈대한매일신보〉에 실린 글이다. 일진회가 도대체 어떤 단체이길래 이런 모진 비난을 받았던 것일까?

일제는 조선을 야금야금 침략하면서 자신들에게 협력할 조선인이 꼭 필요하다는 것을 알게 되었다. 일진회는 이런 일제의 지원을 받아 1904년 만들어졌다. 러·일 전쟁 때 일본군 통역을 맡았던 송병준과 친일 개화파가 창설을 주도했으며, 나중에는 이용구가 이끄는 일부 친일 동학 교도가 합세하였다. 이들은 1905년 "한국의 외교권을 일본에 넘김으로써 국가 독립을 유지하고 복을 누릴 수 있다."는 내용의 선언서를 발표하였다. 이 선언이 나온 10일 후에 을사조약이 체결되었다.

이들은 이 대가로 일제로부터 상당한 액수의 돈과 권력을 받았다. 이들의 매국 행위는 여기서 그치지 않고 의병 전쟁을 토벌하는 데 참여하기도 하고, 국채 보상 운동을 방해하기 위해 탄핵안을 제출하기도 하였다. 결국 이들은 순종에게 나라의 주권을 일본에 넘길 것을 강요하는 상소를 여러 차례 올렸다. 이렇게 나라를 팔아 넘기는 데 혈안이 되었던 일진회는, 나라의 주권을 완전히 잃은 1910년, 더 이상 이용 가치가 없다고 판단한 일제에 의해 해산당했다.

이용구의 집에서 찍은 일진회 단체 사진

덤

송병준(왼쪽)
송병준은 나라의 주권을 일본에 넘겨주는 대가로 1억 5000만 엔을 요구했다고 한다. 그의 증손자가 송병준 소유의 땅을 돌려 달라는 소송을 제기해 논란을 빚기도 했다.

이용구(오른쪽)
젊은 시절 동학 농민군에 참여하기도 했던 이용구는 나중에 친일로 돌아서 일진회의 선봉장이 되었다. 그러나 혼신을 다해 일제에 협력했던 그는 막상 국권을 빼앗긴 후에 일진회 해산에 대한 대가로 단돈 10만 원을 받았을 뿐이었다. 이용구는 일제에 이용당한 처지를 한탄하며 일본에서 죽었다.

105인 사건
1910년 평안도에서 안중근의 동생 안명근이 독립운동 자금을 모으다 체포된 사건이 일어났다. 일제는 이 사건을 조선에 부임하는 총독 데라우치를 암살하기 위한 모금 운동으로 조작하였다. 그리고 안명근의 배후에 신민회가 있다며 이승훈, 양기탁, 윤치호 등 신민회 회원과 민족 인사 600여 명을 연행하였다. 일제는 연행된 사람들에게 총독 암살 음모를 실토하라며 모진 고문을 가했다. 이 600여 명 가운데 105인이 기소되어 법정에 섰으나, 결국 실형을 받은 것은 여섯 명에 지나지 않았다. 이 사건으로 비밀 조직이었던 신민회의 실체가 드러나 민족 운동은 큰 타격을 입었다. 사진은 이 사건과 관련되어 끌려가는 민족 운동가들.

13장

일제, 그리고 지주와 소작인

역사 연대표

- 1866년   병인양요, 신미양요(1871)
- 1876년   강화도 조약, 임오군란(1882)
- 1884년   갑신정변
- 1893년   보은 집회
- 1894년   동학 농민 운동, 청·일 전쟁, 갑오개혁
- 1895년   을미사변, 단발령, 을미의병
- 1896년   아관 파천, 독립 협회 창립
- 1897년   대한 제국 선포, 만민 공동회(1898)
- 1905년   을사조약, 안중근 의거(1909)
- 1906년   의병 봉기, 서울 진공 작전(1908)
- 1907년   신민회 결성, 국채 보상 운동
- 1910년   주권을 빼앗김, 조선 총독부의 무단 통치(~1919)
- 1910년   토지 조사 사업(~1918)
- 1919년   경성 방직 회사 창립, 경성 방송국 설립(1926)

군산항의 현재와 과거

드넓은 호남 평야와 논산 평야를 적시던 만경강과 금강 물줄기가 긴 여행을 마치고 바다로 스며드는 곳, 군산항. 그러나 이 풍요로운 항구는 일제의 침략 이후 농민들의 피땀이 서린 쌀을 일본으로 실어 가는 원한의 항구가 되었다.

13장 일제, 그리고 지주와 소작인 **183**

13장 일제, 그리고 지주와 소작인

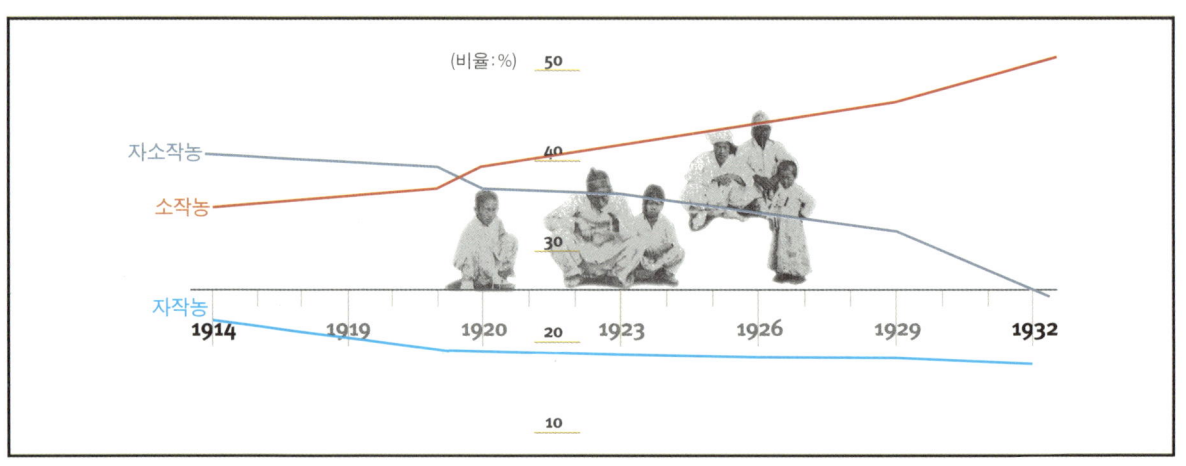

고창군의 인구 10만 4930명 가운데서, 하루 세 끼 먹는 인구가 23.6%인 데 비해, 하루 두 끼 먹는 인구가 45.2%이고, 하루 한 끼 먹는 인구는 31.1%나 되었다.
또한 이 중에서 쌀밥을 먹는 인구가 전체의 21.7%인 데 비해, 잡곡을 먹는 인구가 48.3%이며, 잡곡에 풀잎을 섞어 먹는 사람이 25.5%, 풀 뿌리와 나무 껍질로 연명하는 사람이 4.6%나 되었다.
— 〈동아일보〉, 1924. 10. 21.

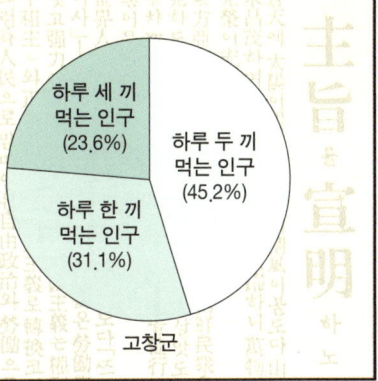

 역 사 돋 보 기

수탈과 착취의 대명사, 동양 척식 주식 회사

일제는 토지 조사 사업을 통해 빼앗은 땅을 '동양 척식 주식 회사(동척)'에 맡겨 관리하게 하였다. 동척은 조선의 토지를 빼앗고 관리하기 위해 1908년 설립한 회사였다. 토지 조사 사업의 결과, 동척은 우리나라 전체 경작지의 3분의 1에 해당하는 9만 7000여 정보의 막대한 토지를 가지게 되었다. 동척은 이 땅에 농장을 설치하고 조선인 노동자를 고용해 직접 운영하기도 하였고, 조선인에게 소작을 주기도 하였다. 이 경우 소작료는 수확의 50%가 넘었으며, 곡식을 빌려 줄 경우 이자가 한 해에 20%가 넘었다. 이런 동척의 횡포는 농민들의 격렬한 반발을 불러왔고, 1920~1930년대 소작 쟁의가 거세게 일어나는 원인이 되었다.

동척은 회사 소유의 막대한 토지를 조선에 건너오는 일본인에게 헐값으로 넘겨주기도 하였다. 조선을 식민지로 다스리기 위해서는 최소한의 일본인이 조선에 살아야만 했다. 동척은 일본인들이 조선으로 넘어오는 것을 권장하기 위해 동척이 소유한 땅을 일본인들에게 마구 넘겨주었다.

그 결과 1926년까지 총 17회에 걸쳐 일본인 1만여 명이 조선에 들어왔고, 이들은 조선의 토지를 차지하고 농민들을 부려 먹으면서 주인 행세를 하게 되었다. 이와 대조적으로 같은 시기에 조선 농민 30만 명이 땅을 잃고 정든 고향을 떠나 간도로 이주하였다.

불이 농장
동양 척식 주식 회사로부터 넘겨 받은 땅으로 대규모 농장을 경영했던 불이 흥업이 용암포의 뻘을 개간하여 만든 파밭.

고향을 떠난 사람들

일제에 땅을 빼앗긴 농민들은 울분을 삼키며 살 길을 찾아 나서야 했다. 고향에서 새 길을 찾지 못한 사람들은 그나마 일자리가 있는 부두나 광산, 도시로 떠났다. 그러나 그곳에서도 일을 구하지 못한 사람들은 정든 고향 산천을 떠나 바다 건너 일본이나, 찬 바람 몰아치는 간도, 연해주로 길을 떠나야 했다. 1915년에 이미 해외 거주 한국인이 28만 명이 넘었고, 1945년에는 무려 400만 명에 이르렀다. 간도나 연해주로 건너간 한인들은 엄청난 시련을 겪어야 했다. 영하 20~30도가 넘는 추운 날씨를 견디고 거칠고 메마른 땅을 갈아 농사를 짓는 것부터 고난의 연속이었지만, 중국인이나 러시아인의 방해와 텃세를 견디는 것도 문제였다. 그러나 이들은 이런 어려움 속에서도 민족 정신을 잃지 않았고, 나중에 간도나 연해주의 한인 거주 지역은 독립 운동의 중심지가 되었다.

동양 척식 주식 회사
지금의 을지로 2가 외환 은행 본점 자리에 있었다.

14장

식민지 조선의 세 얼굴

역사 연대표

- 1866년   병인양요, 신미양요(1871)
- 1876년   강화도 조약, 임오군란(1882)
- 1884년   갑신정변
- 1893년   보은 집회
- 1894년   동학 농민 운동, 청·일 전쟁, 갑오개혁
- 1895년   을미사변, 단발령, 을미의병
- 1896년   아관 파천, 독립 협회 창립
- 1897년   대한 제국 선포, 만민 공동회(1898)
- 1905년   을사조약, 안중근 의거(1909)
- 1906년   의병 봉기, 서울 진공 작전(1908)
- 1907년   신민회 결성, 국채 보상 운동
- 1910년   주권을 빼앗김, 조선 총독부의 무단 통치(~1919)
- 1910년   토지 조사 사업(~1918)
- 1919년   경성 방직 회사 창립, 경성 방송국 설립(1926)

한국 은행

지금은 한국 은행이 된 이 석조 건물은 일제 때 '조선 은행'이었다. 조선 은행 옆에는 미쓰코시 백화점(오늘날의 신세계 백화점 자리)과 조지야 백화점(오늘날의 롯데 백화점 자리)이 있어 번화가를 이뤘다. 일제하에도 이 거리는 화려한 불빛으로 흥청거렸지만 그 그늘에는 식민지 민중들의 피눈물과 한숨이 숨어 있었다.

 역사 돋보기

명동과 종로, 청계천

1920년대 이후 서울은 인구가 꾸준히 늘었을 뿐 아니라, 학교와 극장, 백화점, 상가 등 이제껏 낯설던 서양식 건물이 여기저기 들어서기 시작했다. 양복에 모자를 갖춰 쓴 멋쟁이 신사가 뽐을 내며 거리를 걷는 모습도, 파마 머리에 하이힐을 신은 짧은 스커트 차림의 젊은 여성이 백화점을 드나드는 모습도, 까만 교복을 차려입고 가방을 옆에 낀 학생들이 학교를 향해 달려가는 모습도 쉽게 볼 수 있었다. 그러나 서울 사람 모두가 신식 생활을 즐겼던 것은 아니었다.

일제 때 서울의 중심지는 오늘날 명동과 충무로 일대인 남촌이었다. 일본인들이 한국인들을 내쫓고 이 지역에 모여 살기 시작하면서 이곳에는 신식 상수도가 들어오고 널찍한 도로가 닦였으며 전깃불이 밤을 낮처럼 밝혔다.

예전부터 권세 있는 양반들이 모여 살던 종로 북쪽 양지바른 북촌도 변화를 피해 가지는 못했다. 돈 많은 이들이 이곳에 터를 잡고 신식 주택을 짓기 시작한 것이다. '문화 주택'이라고 이름 붙은 이 새집은 일본식 주택을 모방한 것으로 돈 많은 지방 지주들의 서울 별채가 되기도 하였다.

북촌과 남촌 사이 청계천이 흐르는 곳에는 토막촌이 자리 잡았다. 남촌에서 쫓겨난 조선 사람이나 굶주림을 벗어나고자 서울로 무작정 올라온 가난한 농민들이 이곳에 터를 잡고 모여 살게 된 것이다. 집이라고 할 것도 없이 땅을 파고 거적을 덮어 거처를 마련한 이들은 '근대화' 된 서울을 즐기기에는 너무 가난하고 비참했다.

청계천의 토막촌
상·하수도는커녕 화장실도 없는, 거적을 걸친 집이 이들의 보금자리였다.

남촌의 일본인 상가(왼쪽)
남촌은 서울 속의 작은 일본이었다.

북촌의 문화 주택(오른쪽)
벼슬아치들이 살던 북촌은 이제 돈 많은 재산가들의 동네가 되었다.

 덤

신여성 등장하다

1921년 다음과 같은 시가 〈매일신보〉에 실렸다. "나는 인형이었네. / 아버지의 딸인 인형으로, / 남편의 아내 인형으로 / 그네의 노리개였네." 당시로서는 대단히 충격적인 이 시를 쓴 사람은 일본에 유학하고 돌아와 소설을 쓰고 서양화를 그리던 대표적 신여성 나혜석이었다. '근대화'가 진행되면서 이제껏 억눌려 온 여성의 권리를 찾아야 한다는 생각도 널리 퍼지게 되었다. 여학교가 많이 생기고 교육받은 여성들이 많아지면서 이런 생각은 더욱 확산되었다. 이들은 조선 시대부터 내려오던 유교적 관습을 거부하고 '자유연애'를 주장하였으며 '남녀평등'을 소망하였다.

초등학생을 위한 살아있는 한국사 4
- 근대의 시작부터 일제 침략까지

초판 1쇄 발행일 2005년 5월 16일
개정1판 1쇄 발행일 2015년 2월 2일
개정2판 1쇄 발행일 2024년 9월 23일

원작 전국역사교사모임
글 이성호
그림 이은홍

발행인 김학원
발행처 휴먼어린이
출판등록 제313-2006-000161호(2006년 7월 31일)
주소 (03991) 서울시 마포구 동교로23길 76(연남동)
전화 02-335-4422 **팩스** 02-334-3427
저자·독자 서비스 humanist@humanistbooks.com
홈페이지 www.humanistbooks.com
유튜브 youtube.com/user/humanistma **포스트** post.naver.com/hmcv
페이스북 facebook.com/hmcv2001 **인스타그램** @human_kids

기획 정미영 **편집** 신영숙 **디자인** 김태형 AGI 임동렬 기하늘 **책임 사진** 권태균 **사진 제공** 문화재청
용지 화인페이퍼 **인쇄** 삼조인쇄 **제본** 해피문화사

ⓒ 이은홍·이성호, 2005

ISBN 978-89-6591-587-4 77910
ISBN 978-89-6591-583-6 (세트)

• 이 책은 저작권법에 따라 보호받는 저작물이므로 무단 전재와 무단 복제를 금합니다.
• 이 책의 전부 또는 일부를 이용하려면 반드시 저작권자와 휴먼어린이 출판사의 동의를 받아야 합니다.
• **사용 연령 8세 이상** 종이에 베이거나 긁히지 않도록 조심하세요. 책 모서리가 날카로우니 던지거나 떨어뜨리지 마세요.

가장 많은 현장 교사가 믿고 추천하는 우리 아이 첫 역사 입문서!

역사를 공부하려는 학생이 많아지고 있지만 교사의 입장에서 아이들에게 추천할 만한 책은 그리 많지 않은 것이 현실이다. 이 책은 어린이들의 눈높이로 역사를 바라보며 연구하는 선생님들이 집필했기에 믿음이 간다. 처음 역사 여행을 떠나는 아이들의 발걸음을 가볍게 해 줄 책이다.
— 석병배 구리인창초등학교 교사, 역사교육연구소 어린이분과 연구원

중학교에서 역사를 가르치는 나에게 국정 교과서에서 벗어나 다양한 역사 교육을 가능케 했던 《살아있는 한국사 교과서》는 선물과도 같은 책이었다. 이 책을 재구성한 《초등학생을 위한 살아있는 한국사》는 만화로 그려져서 초등학생 아이들도 우리 역사를 쉽게, 그리고 제대로 배울 수 있다.
— 김현숙 서울청운중학교 교사

재미만이 아닌 고증된 사실로 한국사 전체를 꿰뚫어 볼 수 있다. 부록에는 아이들이 흥미로워 할 만한 내용이 수록되어 역사에 관심이 많은 아이나 역사에 부담을 갖고 있는 아이 모두를 만족시킬 것이다.
— 강희 서울은진초등학교 교사

생생하게 살아 있는 한국사를 접할 수 있는 좋은 책이다. 톡톡 튀는 등장인물과 적절한 사진 자료를 사용하여 머릿속에 쏙쏙 들어가도록 구성되어 있다. 이 책에 등장하는 가족처럼 부모님과 아이가 함께 둘러앉아 읽기를 추천한다.
— 이진아 서울진관초등학교 교사

재미있고 말랑해 보이는 만화 안에 탄탄한 내용이 담겨 있다. 암기 위주의 역사 공부에서 벗어나 우리 역사의 여러 사건과 인물에 대해 아이들이 스스로 생각하고 느낄 수 있게 도와주는 책이다. 아이들에게 역사를 어떻게 가르쳐야 할지 고민하는 초등학교 선생님에게도 추천한다.
— 정미란 서울노일초등학교 교사, 역사교육연구소 어린이분과 연구원

재미와 역사 학습이라는 두 마리 토끼를 모두 잡은 책이다. 깊이 있는 내용을 재미있게 서술하여 역사를 어려워하는 아이들도 역사 속으로 푹 빠지게 한다. 특히 '역사 돋보기'로 유물과 유적, 인물 등에 대한 이야기를 더 배울 수 있어 역사 공부에 많은 도움이 된다.
— 김현애 서울영림초등학교 교사

어린이들이 바르고 건전한 역사관을 갖추도록 하면서도, 만화 형식이라 쉽고 친근하다. 역사적 사실과 함께 각 시대별 문화·예술·과학 등에 대해서도 함께 다루어져 생생하고 입체적인 독서 체험이 가능하다. 아이들뿐만 아니라 초등학교 선생님이라면 반드시 읽었으면 한다.
— 손미경 서울연희초등학교 교사

역사적 사실뿐만 아니라 사건의 의미와 흐름을 담아내어 암기 위주의 기존 역사 공부에서 벗어나게끔 하는 책이다. 만화를 통해 이해하기 쉽게 설명되어 한국사의 흐름이 저절로 잡힌다. 더 이상 한국사가 암기 과목이 아님을 깨닫게 해 준다.
— 김민우 남양주별내초등학교 교사, 역사교육연구소 어린이분과 연구원

대부분의 초등학생들에게 역사는 어렵고 힘든 과목일 것이다. 그런 학생들을 보면서 우리의 과거와 현재를 알기 쉽게, 또 재미있게 전하고 싶었다. 《초등학생을 위한 살아있는 한국사》는 이 두 가지 고민에 대한 해답이 담겨 있는 소중한 책이다.
— 우주희 서울대조초등학교 교사

초등학생의 눈높이에서 우리나라 역사를 쉽고 재미있게 이야기하고 있는 책. 역사를 어려워하는 아이도 친근하게 다가갈 수 있고, 역사 탐구 학습의 방법까지 제시하고 있어 어린이를 위한 자기 주도형 한국사 입문서로 좋은 책이다.
— 김아영 서울수리초등학교 교사